聚焦重要概念的生物学单元教学研究丛书
丛书主编　周初霞

# 聚焦重要概念的生物学单元教学实践研究

## 科学探究视角

周丽婷　徐玉华　徐建忠　朱琳瑜　章颉　王苗苗　著

浙江科学技术出版社

版权所有　侵权必究
图书在版编目（CIP）数据

聚焦重要概念的生物学单元教学实践研究．科学探究视角 / 周丽婷等著． — 杭州：浙江科学技术出版社，2022.12
（聚焦重要概念的生物学单元教学研究丛书 / 周初霞主编）
ISBN 978-7-5739-0328-0

Ⅰ．①聚… Ⅱ．①周… Ⅲ．①生物课－教学研究－高中 Ⅳ．① G633.912

中国版本图书馆CIP数据核字（2022）第185359号

| 丛 书 名 | 聚焦重要概念的生物学单元教学研究丛书 |
|---|---|
| 本册书名 | 聚焦重要概念的生物学单元教学实践研究　科学探究视角 |
| 丛书主编 | 周初霞 |
| 著　　者 | 周丽婷　徐玉华　徐建忠　朱琳瑜　章颉　王苗苗 |
| 出版发行 | 浙江科学技术出版社<br>杭州市体育场路347号　邮政编码：310006<br>办公室电话：0571-85176593<br>销售部电话：0571-85176040<br>网址：www.zkpress.com<br>E-mail：zkpress@zkpress.com |
| 排　　版 | 杭州万方图书有限公司 |
| 印　　刷 | 杭州高腾印务有限公司 |
| 开　　本 | 787×1092　1/16　　印　张　7.25 |
| 字　　数 | 125 000 |
| 版　　次 | 2022年12月第1版　　印　次　2022年12月第1次印刷 |
| 书　　号 | ISBN 978-7-5739-0328-0　　定　价　40.00元 |

**责任编辑**　曹梦洁　陈潇潇　　　　**责任校对**　赵　艳
**责任美编**　金　晖　　　　　　　　　**责任印务**　崔文红

# 丛书总序

基础教育改革已经进入内涵发展的新时代。本次课程改革系统而全面地建构了核心素养的教育理念，从学生发展素养，到体现各学科特点的学科核心素养，再到根据学科核心素养发展水平和相应内容研制的学业质量标准，可以说从学理上完成了对核心素养这一理念的建构。现如今，怎样基于核心素养的发展要求实现课堂教学的根本转型，已成为每位基础教育工作者需要回答的命题。

"创新"是浙江精神的关键词，浙江省的课程改革一直走在全国的前列。浙江省教育厅教研室的教研员们更是以智慧和勇气矢志改革、锐意探索，掀开了浙江省基础教育崭新的一页。我省高中生物学学科教研员、特级教师周初霞老师就是一个很好的典范。她所领衔的团队针对一线教师普遍关注而又感到困惑的关键问题，如什么是大概念，为什么要聚焦大概念，如何开展基于大概念的单元整体教学，从理论和实践层面进行了大胆探索，并组织编著了"聚焦重要概念的生物学单元教学研究丛书"。

本丛书不仅反映了他们在课堂改革的道路上所做的种种努力与探索，记录了他们在课程改革中坚持不懈的心路历程，更为学科育人找到了一个正确的打开方式。细细读来，多有启示。

一是着眼素养为本的课程理念，诠释并演绎了教学范式。核心素养是育人目标，学科核心素养则是学科育人目标的具体化。学科核心素养的本质是学科思维，经验化和结构化的"大概念"或"大观念"是理解的锚点，是学科思维的支撑点。据此，周初霞老师的团队聚焦生物学重要概念探索单元整体教学，开展了"教学设计""课例研究"和"范式研究"三个系列的研究，并将研究成果以丛书的形式呈现给读者。其中"教学设计"系列，从重要概念的视角重构了教材中的单元学习主题，探索了核心素养导向的单元整体教学设计框架。本系列是研究的雏形。"课例研究"系列，从聚焦重要概念的视角进行了单元教学的课堂实践。结合具体课例，研究单元重要概念的解构、学习目标的制订、学习情境的创设、学习活动的设计、学习评价的实施等操作指南。本系列是理论走向实践的行动改进。"范式研究"系列，提炼了"境脉架构模式""五构概念教学法"等聚焦重要概念的单元整体教学范式。本系列是研究的理论发展。

二是立足学科育人的基本内涵，探索并创新了思维课堂。核心素养的发展要以学习方式的转变为关键，而学习方式的改变核心是思维方式的改变。中国工程院院士钱旭红认为："能力增长不仅仅靠知识，而更靠运行知识的逻辑——思维是否足够自由多样。单靠知识改变不了命运，改变命运需要用思维架构起知识，从而支撑起有高度和强度的人生大厦。思维晋级是最好的学习和成长"。因此，周初霞老师的团队立足学科思维的课堂转型，努力指向学习方式转变，基于"情境—问题—任务—活动—评价"的学习主线，引导学生从被动学习走向主动学习。在研究方法上，他们注重实证性的课例研究，通过观课、录课、评课、磨课、改课，努力提升课堂的教学效益。在研讨与交流中，他们经历了情感的交融、思维的碰撞、观念的转变、理念的提升。

三是借助教育科研的演进机制，丰富并发展了单元整体教学的理论内涵。他们将理论紧密联系实际，在教学中研究，在研究中行动，在行动中反思，在反思中丰富理论。在研究视域上，他们既立足单元整体教学实践，又探索"单元"与"课时"的有效衔接，既具有整体视野又微观深入。他们注重局部的深度研究，通过"目标与评价""情境与问题""活动与评价"等视角，探索将生物学学科核心素养落实在课堂教学中的理论范式。经过近六年的研究与实践，他们提出"创设单元境脉，统领课时学习""应用'五构概念'教学法，确保课时聚焦单元"等衔接路径，帮助学生形成"整体感知—部分剖析—整体反思"的思维方式，改善传统课时教学中存在的学习碎片化和浅表化的现象，注重学科整体组织化、结构化知识的建构，从浅层学习走向深度学习。同时，他们的研究还破解了从概念教学到观念培育的瓶颈。在理论层面，厘清了生命观念的内涵、外延及形成的路径。在实践层面，建构了行为导向的生命观念培育模式，为教师培育生命观念提供了支架。基于此，他们总结形成了高中生物学"一脉三维五构"单元整体教学理论体系，丰富了整体教学理论内涵。

纵观本丛书，理论、实践、案例相互交织，有机融合，层次分明。世界是整体的，万物在一个整体的世界中有序地生长。本丛书契合了整体发展的世界观。周初霞老师及其团队的单元整体教学研究成果，已在浙江省高中生物学教学实践中全面铺开，并向全国推广。我们期待着他们能坚守教育初心，不懈努力，取得更加丰硕的、能把发展核心素养这一蓝图变为现实的成果。

是为序。

浙江省教育厅教研室主任
教育部基础教育教学指导委员会委员　任学宝
浙江省特级教师协会副会长兼秘书长
2021年4月于杭州

# 作者序

鉴于高中生物学主干知识主要以概念的方式呈现，概念知识也是解决生活、生产中真实问题，发展生物学三维目标（知识、能力、情感态度价值观）的载体，概念教学一直是高中生物学教学中关注的焦点。《普通高中生物学课程标准（2017年版 2020年修订）》（以下简称"课程标准"）提出高中生物学课程的基本理念，即"核心素养为宗旨""内容聚焦大概念""教学过程重实践""学业评价促发展"。课程标准特别强调概念的理解与传递，并在课程内容要求中呈现了10个大概念、31个重要概念。生物学重要概念是承接科学事实与生命观念的桥梁，能够展现当代生物学学科图景，是学科结构的主干部分。因此，我们开展了聚焦重要概念的生物学单元教学研究。本研究至今已持续了七年多，主要经历了以下三个阶段。

第一阶段，模式探索阶段（2015—2017年），在行动改进中找准单元整体教学研究的"三维度"和"六要素"。我们将"重要概念"作为单元整体教学的主题，将"科学事实""重要概念"与"生命观念"作为三个基本维度，着力研究事实性知识的表达与阐释、生物学概念的理解与运用、生命观念的评价与创新及三者之间的相互关系，并将其统整到目标、评价与课堂实施的单元教学中。我们尝试将目标、情境、任务、问题、活动与评价作为聚焦重要概念的生物学单元整体教学设计的"六要素"，并完成了2个必修模块共 11 个单元的整体教学设计。

第二阶段，模式形成阶段（2017—2019 年），在实践探索中形成"一脉三维五构"的单元整体教学范式。针对前期研究中存在的单元情境与课时情境不相融、学生记忆生物学术语代替理解概念等问题，我们主要进行了三个方面的研究。一是开展了基于"三维度""六要素"的单元教学行动改进课例研究，开发了 2 个必修模块共 11 个单元的课例视频课程。二是着力创设单元境脉、探索"五构概念"教学法、研制单元学习图谱等方面的研究，从而构建了"一脉三维五构"的单元整体教学模式。单元境脉能较好地解决单元与课时的统整性，以单元大任务或单元核心问题统领各课时学习；"五构概念"教学法能帮助学生形成"整体感知—部分剖析—整体反思"的思维方式，改善传统课时教学造成的学习碎片化和浅表化现象，理解生物学重要概念和生命观念的内在联系，提高运用生物学概念和生命观念解决实际问题的关键能力，发展生物学学科核心素养。三是整合教师的"教"与学生的"学"，特别是单元学习图谱能帮助学生开展反思性学习，从被动学习转向主动学习，从浅层学习转向深度学习。

在本研究的引领下，单元教学在浙江省高中生物学学科教学中如火如荼地开展起来。近年来浙江省关键问题解决专题研训活动和高中生物学课堂教学评审活动，均以单元整体教学为主题开展。2018 年 5 月，《中国教育报》以"生物课堂活动应推陈出新"为题进行了报道，充分肯定了单元整体教学模式。

第三阶段，模式推广阶段（2019—2022 年），在应用推广中发展单元整体教学理论。本阶段主要进行了两个方面的研究：一是应用推广"一脉三维五构"单元整体教学模式。二是在深化实践中不断完善与发展高中生物学"总—分—总"式单元整体教学的理论。"聚焦重要概念的生物学单元教学研究丛书"三个系列图书陆续出版。其中，单元整体教学设计系列有《指向学科核心素养的普通高中课堂教学设计案例丛书》《指向科学探究的高中生物学整体教学设计·必修模块》等；单元整体教学课例系列有《聚焦重要概念的生物学单元教学课例研究》(共 5 个分册)；单元整体教学范式与理论研究系列由 8 个主题组承担（每组的第一位老师担任组长）。

| 书名 | | 著者 |
|---|---|---|
| 聚焦重要概念的生物学单元教学理论与实践 | | 周初霞 |
| 聚焦重要概念的生物学单元教学实践研究 | 目标与评价 | 周业宇、胡玉萍、孙宝山、杨波 |
| 聚焦重要概念的生物学单元教学实践研究 | 情境与问题 | 盛国跃、李艳华、龚静、朱凯丽 |
| 聚焦重要概念的生物学单元教学实践研究 | 活动与评价 | 陈国、沈天文、施陶峰、周旖旎、张志祥 |
| 聚焦重要概念的生物学单元教学实践研究 | 生命观念视角 | 吴圣潘、黄华、吴可心、杨正、许艺 |
| 聚焦重要概念的生物学单元教学实践研究 | 科学思维视角 | 王红梅、沈洋、何芳、孙波、王静 |
| 聚焦重要概念的生物学单元教学实践研究 | 科学探究视角 | 周丽婷、徐玉华、徐建忠、朱琳瑜、章颉、王苗苗 |
| 聚焦重要概念的生物学单元教学实践研究 | 社会责任视角 | 赵文浪、周春华、俞宝根、杨琼、宣莉蓉 |

除研究组的核心成员外，还有众多的一线教师主动参与课例开发、视频拍摄。课题实践基地学校除杭州第十四中学、绍兴市第一中学、瓯海中学等7所浙江省高中生物学学科基地学校外，还有很多学校主动加盟参与实践，例如诸暨中学、温州中学、嘉善高级中学、杭州师范大学附属中学、金华第一中学、东阳中学、丽水中学、慈溪中学、天台中学等30余所，涉及省内11个地市。

一分耕耘，一分收获。浙江省教学研究系统立项课题《指向生物学学科核心素养的单元整体教学实践研究》已于2021年12月结题，中国教育学会2019年度教育科研规划课题《聚焦生物学重要概念的单元整体教学研究与实践》已于2022年7月结题。研究成果以论文、课例、讲座等形式，不仅在省内外高中生物学学科内进行推广，也实现了跨学科的成果辐射，为新课标新教材背景下的课堂变革提供了单元整体教学的"浙江经验"。

在研究过程中，我们得到了众多领导和专家的鼎力支持。特别是浙江省教育厅教研室任学宝主任，认为本研究是浙江省课程改革中的一个很好典范，为学科育人找到了一个"正确的打开方式"，并为丛书作了总序。普通高中生物学课程标准项目负责人、北京师范大学生命科学学院刘恩山教授多次莅临，进行学术报告、现场听课与评课等高屋建瓴的专业指导。教育部人文社科重点研究基地、华东师范大学课程与教学研究所所长崔允漷教授认为，该课题属国家急需、学术前沿与教师关注的课题。课题组遵循生物学课程标准的要求，结合相关教材，组建团队攻关，抓住一线教师在落实新课标过程中的难点问题开展选题研究，具有重要的理论意义与实践上的引领价值。浙江大学教育学院课程与学习科学系盛群力教授也给予了高度评价，认为聚焦重要概念的单元整体教学课题研究勇立潮头，具有开创性，"一脉三维五构"单元整体教学模式是指向核心素养的有效教学的范式之一，其研究成果已有相当影响力，同时具备推广与借鉴价值。浙江师范大学副校长李伟健教授针对本研究课题指出，"一脉三维五构"单元教学模式理念先进，以学定教，完全符合当代脑科学与学习科学的规律。经过多年的实践，该教学模式有效转变了学生的学习方式，发展了学生科学的思维方法，促进了学生核心素养的提升，从而显著提升教学效果，值得进一步推广应用。我们衷心感谢专家的指导！感谢专家的认同与鼓励！这也是我们得以坚持不懈、不断进取、研究反思、总结提升的动力和源泉。

在丛书出版之际，我们还要感谢一线校长、专家和教师对课例开发的大力支持。感谢浙江科学技术出版社的鼓励与帮助，特别是教学视频课程的跟踪拍摄。

诚然，聚焦重要概念的单元整体教学是一个常研、常新的重要课题，我们旨在抛砖引玉，引发广大教师对这一重要课题的深入思考与探索。同时，欢迎读者对本书提出宝贵意见，以便我们在后续的研究中不断修订和完善。

周初霞

2022 年 7 月于杭州

"核心素养为宗旨"是《普通高中生物学课程标准（2017年版2020年修订）》（以下简称"课程标准"）的基本理念之一。科学探究素养作为生物学学科核心素养之一，充分体现了生物学作为科学的特征。课程标准对"科学探究"的具体表述："能够发现现实世界中的生物学问题，针对特定的生物学现象，进行观察、提问、实验设计、方案实施以及对结果的交流与讨论的能力。学生应在探究过程中，逐步增强对自然现象的好奇心和求知欲，掌握科学探究的基本思路和方法，提高实践能力；在探究中，乐于并善于团队合作，勇于创新"，并提出"注重科学本质的学习""科学工作依赖观察和推论""科学工作采用基于实证的范式""科学是创造性的工作"等教学建议，这些都为以科学探究为主线的教学指明了方向。

依托浙江省教育厅教研室周初霞老师立项的中国教育学会教育科研规划课题《聚焦生物学重要概念的单元整体教学研究与实践》，我们从科学探究素养的维度开展了子课题研究。以学科重要概念为单元的整体教学是按知识逻辑组织教学内容的，操作性强，易被一线教师所接受。但与此同时，学科核心素养目标如何在不同单元之间有所侧重且螺旋递进等问题则鲜有教师关注。我们设想将"发展科学探究素养"作为一个宏观、隐性的单元进行整体设计，让"科学探究素养"在聚焦重要概念的单元学习中得以全面、均衡、递进地发展。

本书探讨了在科学探究视角下聚焦重要概念的高中生物学单元整体教学实践研究。科学探究是概念形成和观念建立的途径，是科学思维发展和磨砺的基础，也在履行社会责任的过程中得以运用和发展。结合课程标准对科学探究素养的阐述，我们将科学探究素养分解为"问题与假设""方案设计""方案实施""结果交流"四个要素,通过科学史教学和实验教学两大途径,重点研究其在聚焦重要概念教学中的单元目标定位、合理分布和螺旋递进。

本书共分4章。第1章"背景与现状",主要从聚焦重要概念、发展科学探究素养及两者关系等方面阐述了科学探究视角研究的背景,并结合访谈、调查的结果,从教师对科学探究素养培育的认知、科学探究素养培育的实施情况、实施科学探究素养教学的困难、科学探究素养的评价等维度对现状进行了分析。第2章"理论与依据",对探究、科学探究、科学探究素养进行了概念界定,并以课程标准中的学业水平为依据,对科学探究素养的进阶水平开展了研究。第3章"行动与对策",从科学史教学和实验教学两个维度梳理了发展学生科学探究素养的途径。通过案例分析,我们提出了科学探究素养四要素的进阶策略。科学探究素养的发展并不是单线条的,我们还从单元整体教学的视角进行了实践,学生在建构重要概念、凝练生命观念的过程中,逐步发展科学探究素养。第4章"反思与展望",从"单元整体教学""科学探究素养评价""科学探究素养落实的策略""教师科学探究素养提升"四个方面进行了反思,并针对如何进一步开展基于科学探究素养的进阶教学提出了设想与展望。

在本书的撰写过程中,我们经历了若干次的"推倒重来",经过了无数次的线上线下研讨与头脑风暴,也得到了周初霞和徐建忠两位老师的多次精心指导,所有的一切都伴随着团队成员的专业成长。在此,也感谢赵正瑜、秦丹、刘小园、卓芳芳、倪小伟和杭州市新课程研究小组的老师们提供了丰富的可供研讨的教学案例。可以说,本书内容是集体智慧的结晶。

由于研究时间仓促,书稿中可能存在一些不足与瑕疵,恳请读者批评指正,以便我们在后续的实践研究中不断修订和完善。

*周丽婷*

2022年10月于杭州

## 第1章 背景与现状

一、背　景 ································································································· 1

二、现　状 ································································································· 4

## 第2章 理论与依据

一、概念界定 ························································································· 18

二、科学探究素养进阶水平研究 ··················································· 21

## 第3章 行动与对策

一、科学探究素养培育策略 ···························································· 29

二、教学案例 ························································································· 39

三、单元整体教学实践 ····································································· 73

## 第4章 反思与展望

一、反 思·················································96

二、展 望·················································98

# 第 1 章
# 背景与现状

《普通高中生物学课程标准（2017年版2020年修订）》（以下简称"课程标准"）明确将生物学学科核心素养作为课程宗旨，将科学探究作为生物学学科核心素养的基本组成部分，这充分体现了生物学作为科学的特征。科学探究是概念形成和观念建立的途径，是科学思维发展的基础，也在履行社会责任的过程中得以运用和发展。本章从聚焦重要概念、发展科学探究素养及两者关系等方面阐述了科学探究视角下研究的背景。结合访谈、调查的结果，从教师对科学探究素养培育的认知、科学探究素养培育的实施情况、实施科学探究素养教学的困难、科学探究素养的评价等维度对现状进行了分析。

## 一、背 景

2014年，教育部印发的《关于全面深化课程改革 落实立德树人根本任务的意见》首次提出了"核心素养体系"概念。立足核心素养的教学改革，就是引导学生从"解题"走向"解决问题"。科学探究素养作为问题解决的途径之一，如何在课堂教学中得以全面发展？教师如何改变原有的教学设计思维模式，让科学探究素养真正在课堂教学中落地？要回答这些问题，就很有必要梳理概念教学、科学探究素养及两者关系。

### （一）聚焦重要概念

在知识爆炸、信息量激增的今天，学校教育无法涵盖所有内容，我们无法使学生接触到发展着的广博的科学知识，无法帮助学生了解周围的全部事物及其变化。如果我们的教学试图去覆盖太多的内容，必将导致粗浅低效的学习[①]。想通过教学增加学生理解

---

[①] 杰伊·麦克泰，哈维·F.西尔维.为深度学习而教：促进学生参与意义建构的思维工具[M].丁旭，译.北京：教育科学出版社，2021：7.

的深度就需要他们耗费更长的时间，同时缩减知识的广度，因此在教学过程中我们必定需要选择一些大概念。学科大概念是比较综合和上位的知识，是学科最有价值的知识，学生一旦理解了学科大概念，就会将它运用到解决问题的过程中，成为解决问题的基本策略和方法[1]。课程标准明确将"内容聚焦大概念"作为生物学课程的基本理念，确保学生有相对充裕的时间主动学习，让学生能够深刻理解和应用重要的生物学概念，发展生物学学科核心素养[2]。我们理解其含义包括三个方面：一是重要概念对学生的学习起支撑作用，因为重要概念在课程标准的概念体系中具有承上启下的作用；二是学生在理解世界和解决问题的过程中，不是依靠孤立的、零散的事实性知识或一般概念，而是学生需要理解重要科学概念和原理，在理解的基础上进行运用，其中重要概念正是生物学原理、规律、理论的核心体现；三是从学习本质角度来看，学生需要在头脑中建构一个知识体系，才能把一些事实性知识有条理地储存在这个体系中，这样做有利于知识的保持和调用，而重要概念是这个知识体系的框架结构。用"重要概念"来构建教学框架，凸显了重要概念的传递，更有利于教师开展教学活动。

传统的课时教学往往容易使教师陷入一个个具体知识点的讲解，越讲越细，越讲越深，越讲课时越不够……这种"只见树木，不见森林"的课时教学思维是难以帮助学生建构概念，达成核心素养的。而重要概念需要学生利用高阶思维技能，在学习生物学事实性知识和一般概念的基础上进行意义建构。我们将"重要概念"作为学生的学习单元，以此开展整体教学活动，以解决问题为中心，以"情境—问题—活动—评价"为设计主线，给予学生充分的体验和探究时间，让学生通过不断思考、反复实践、分享合作，理解学科本质，建构学科概念，形成生命观念，达成情、意、行三方面的核心素养。

### (二) 发展科学探究素养

科学探究是指能够发现现实世界中的生物学问题，针对特定的生物学现象，进行观察、提问、实验设计、方案实施以及对结果的交流与讨论的能力。学生应在探究过程中，逐步增强对自然现象的好奇心和求知欲，掌握科学探究的基本思路和方法，提高实践能力；在探究中，乐于并善于团队合作，勇于创新[3]。发展科学探究素养对于学生掌握科学

---

[1] 王春易.从教走向学：在课堂上落实核心素养[M].北京：中国人民大学出版社，2020：4.
[2] 中华人民共和国教育部.普通高中生物学课程标准（2017年版2020年修订）[M].北京：人民教育出版社，2020：2.
[3] 同②.

概念,参与科学实践,理解科学本质,成为独立的思考者和学习者都具有重要作用[①]。

要发展学生的科学探究素养,教师首先要帮助学生理解科学探究的本质与特征,其次要以发展学生的科学思维为核心,以活跃学生的思维为关键点来提升科学探究能力,再次要注意情意的感悟与升华[②]。达成以上三点离不开经典科学案例的学习和学生亲历科学探究的过程,前者是科学史教学,后者最常见的就是实验教学,这是发展学生科学探究素养的两大教学途径。

科学史教学是通过真实再现科学家的研究过程,一方面能帮助学生建构科学知识,理解科学本质,体验科学动态发展,习得科学研究方法;另一方面在科学史背后所呈现的科学家严谨务实的科学态度和勇于挑战权威、坚持不懈的科学精神可以潜移默化地渗透到学生的脑海中。

生物学实验是生物学课程内容的组成之一,也是学生科学探究能力外显的表现形式之一。在实验教学中,学生通过不同类型的实验,感性地认识抽象概念,理解和领悟生物学的知识和原理,学习从不同角度思考和解决问题。教师也可以通过相应的教学活动设计,有目的地从不同维度提升学生的科学探究能力,感悟科学精神。

## (三)科学探究与概念建构

学生通过参与科学探究过程(如科学史教学)可以理解知识的发展过程,直接参与科学探究过程(如实验教学)可以认同多种研究、建模和解释世界的方法,建立生物学观点和重要概念,促进学习效率的提高与概念理解的深化[③]。发展科学探究能力的同时科学思维也在同步发展,两者共同作用影响着生物学知识(概念)的形成,促进学生对概念的验证、理解、建构、应用和创构。以实验教学为例,验证型实验能通过证据来验证概念,促进学生对概念的理解;探究型实验可以通过问题、证据、假设、解释、交流等环节帮助学生建构概念;空脑型实验可以通过应用概念解决问题,并从中创构出新的概念。

从学习本质的角度来看,人们理解一个新概念是从已有的概念出发的。概念的进展可以理解为一个从特定事件或物体开始逐渐扩展到能解释更广范围经验的过程。当面对

---

[①] 杨铭,刘恩山.生物学核心素养视角下的科学探究[J].生物学通报,2017(9):11.
[②] 赵占良.对生物学学科核心素养的理解(三)——科学探究与实践[J].中学生物学,2020(1):4.
[③] 同①.

一个新问题时，我们用已有的概念做出预测，围绕这个预测，我们又可以获得新的证据来加以验证，那么这个概念就"长大"了，因为它能解释更大范围的现象。即使我们找不到证据来验证概念的正确性，那对原概念而言也是一种补充与完善。概念的发展过程是预测、观察、收集证据、解释现象的科学探究过程，这一过程对概念理解的广度、深度都有质的促进。换言之，概念的学习从来都不是孤立的，而是需要经过探究的，探究能力的高低在概念发展的过程中起着关键作用。因此，聚焦重要概念的教学必定也会促进科学探究能力的发展。

# 二、现　状

科学探究素养落地的主阵地是课堂教学。在课堂教学中，科学史教学和实验教学是发展学生科学探究素养的两大途径。通过访谈、查阅文献、问卷调查等形式，我们对指向科学探究素养的教学开展了研究，从中归纳常见的教学问题，以期在后续研究中有针对性地解决。

## （一）高中生物学课堂教学的现状

### 1. 生物学实验教学的现状

课程标准在实施建议中提出，要加强和完善生物学实验教学，并对实验教学下了定义："教师组织学生在生物学实验室和校园内外开展的教学活动，既可以是动手、观察类的实践活动，也可以是以问题解决为特点的探究活动。实验教学是生物学课程的特点，也是生物学教学的基本形式之一。"[①] 生物学实验教学是培育学生科学探究能力的主要途径，也是学生科学探究能力外显的表现形式之一。我们在与不同教龄、学历的高中生物学教师交流实验教学的过程中发现，不同学校、不同教师在生物学实验的完成率、实验教学的效果等方面存在着类似情况。

**案例** 关于"检测生物组织中的油脂、糖类和蛋白质"的实验教学情况

问：您一般怎么开展这个实验教学？

---

① 中华人民共和国教育部.普通高中生物学课程标准（2017年版2022年修订）[M].北京：人民教育出版社，2020：59.

答：先介绍实验原理，这个很重要，是经常出现的考点。

问：实验原理包括哪些呢？

答：物质鉴定的原理。例如：油脂会被苏丹Ⅲ染成橙黄色，需要用显微镜观察；双缩脲试剂可以与肽键生成紫色络合物，用来鉴定蛋白质；本尼迪特试剂与还原糖生成红黄色沉淀，需要水浴加热。另外，根据学生的情况看是否介绍显微镜的构造、操作、成像原理等。

问：关于这些内容，您需要花多长时间？

答：10～15分钟，关键看是否介绍与显微镜相关的知识。

问：介绍完实验原理就让学生开始动手操作吗？

答：接着介绍实验步骤。关于徒手切片的过程，有录像的话会安排播放，便于学生实际操作。

问：这个环节，您大概花多长时间呢？

答：10～15分钟。

问：然后，学生开始做实验吗？

答：是的。最后我再留点时间稍作讲解。

问：最后讲解什么？

答：看时间情况，不过一般没有时间了，主要给学生观看实验结果，然后让学生整理实验器材。

问：您觉得这样的实验效果好吗？

答：还可以，要考的知识点都讲过了，就是学生徒手切片的效果不太好。

问：那您觉得，这样的实验教学对提升学生的科学探究素养有什么意义呢？

答：没想过这个问题。

同时，我们通过随堂听课的形式记录了教师完成实验教学的环节，实验教学过程与访谈情况差异不大，具体教学流程如下：

教师讲解实验原理（含显微镜的基本构造、成像原理等）12 min→教师讲解实验步骤，强调相关操作细节（含显微镜的操作、徒手切片过程并播放录像）14 min→学生实验 9 min→展示实验结果，整理实验器材 5 min。

一堂高中生物学实验课的教学,从学生活动的角度来说演变成了与化学实验相关操作的练习课,生物学学科核心素养也就无法落实。

### 2. 生物学科学史教学的现状

课程标准在实施建议中提出,要注重生物学科学史和科学本质的学习。学习科学史能使学生沿着科学家探索生物世界的道路,理解科学的本质和科学研究的思路和方法,学习科学家献身科学的精神,帮助学生发展科学探究素养中的"科学探究认知和情感意识"两个维度,让学生亲历科学探究的过程,也有助于提升学生的科学探究能力。目前,课堂上是如何开展科学史教学的呢?

**片段一:关于光合作用反应方程式的教学**

教师:(出示材料1:海尔蒙特实验)这个实验说明了什么?

学生1:柳树增重与土壤无关。

学生2:柳树增重与空气有关,也就是$CO_2$。

教师:对,柳树增重是因为吸收了空气中的$CO_2$。(出示材料2:普利斯特利实验)这个实验又说明了什么?

学生:植物光合作用产生了$O_2$。

教师:对,植物光合作用产生了$O_2$。请大家写出光合作用的反应方程式。

**片段二:关于光合作用光反应的教学**

教师:(出示材料3:鲁宾、卡门实验)这个实验说明了什么?

学生:光合作用产生的$O_2$来自$H_2O$,而不是$CO_2$。

教师:(出示材料4:希尔反应)这个实验说明了什么?

学生:水在叶绿体上可分解,产生$O_2$,此过程与$CO_2$无关。

教师:(出示材料5:科学家证明了叶绿体光下进行希尔反应可形成还原性辅酶,肯定了它是光合作用重要的能量转换反应产物。)这些材料都说明了光合作用有一个阶段在光下进行,水被光解产生$O_2$,且与$CO_2$无关,我们把它称为光反应。光反应是在叶绿体的类囊体膜上进行的……(教师讲解光反应过程,并书写板书)

**片段三：关于光反应与碳反应关系的教学**

教师：（出示材料6：伯莱克曼、瓦尔堡的藻类闪光实验）这个实验说明了什么？

学生：（议论，没人回答。）

教师：这里包含了两个实验，两者的光照时间一样吗？

学生：一样。

教师：有机物产生量一样吗？

学生：不一样。

教师：那就说明 $CO_2$ 转变为糖等有机物不需要光直接参与，对吧？

学生：对的。

教师：（出示材料7：美国科学家阿农实验）这个实验又说明了什么？

学生：（议论，没人回答。）

教师：请看关键点（并用红笔画出关键词）——光、叶绿体、不供给 $CO_2$、积累 NADPH 也积累 ATP、撤光、供给 $CO_2$，NADPH 和 ATP 消耗，有机物（$CH_2O$）产生。这说明有机物的产生与什么有关？

学生1：$CO_2$。

学生2：NADPH 和 ATP。

教师：这两种物质在什么时候产生？

学生：光反应阶段。

教师：对，那就说明 $CO_2$ 生成有机物虽然不直接需要光，但需要光反应产生的 ATP 和 NADPH。我们把这个不直接需要光的过程称为碳反应，那光反应和碳反应就联系起来了。（教师边说边出示板图，说明光反应与碳反应的联系）

我们可以看出，这堂课的科学史教学侧重于相关结论的讲授。这样的教学与直接讲授几乎无差别，科学史的素材转变成了另一个需要记忆的事实性知识，这对于提升学生的科学探究能力也就没有太大的促进作用。

**3. 学生科学探究素养发展的问题**

教师重视实验教学和科学史教学，但为什么教学没能为发展学生的科学探究素养服务呢？最关键的原因在于，教师没有立足科学探究对教学目标进行整体架构，并以此为依据展开单元整体设计。也就是说，教师需要在科学探究素养目标体系的指引下，让每一次教学都能在发展学生科学探究素养中发挥作用，这样才能真正让科学探究素养教学落地。教师的教学目标不清晰，就像旅游没有方向，走哪算哪的旅途虽然热闹，但有什么收获就得看不同学生的资质了，这也就失去了教学的意义。

### （二）高中生物学教师对科学探究素养培育的认识与理解

教师是课堂教学活动的设计者，教师对科学探究素养培育的认识和理解直接关系到科学探究素养在课堂教学中的落地。

华东师范大学博士研究生王晶莹在《中美理科教师对科学探究及其教学的认识》中提到：在科学探究始于问题方面，中国教师普遍不了解什么是数据，什么是证据，不能区分探究与实验；在列举研究方法时集中在归纳演绎或者推理和实验，往往从"做"的层面考虑问题，而不是从实验的实质入手；在课堂教学中关注知识与技能，弱化或内隐过程与方法和情感态度价值观，多用传统演示或讲授的方式来进行"科学探究"；在开展探究教学时，往往以探究要素作为基本步骤，从提出问题、猜想和假设、制订计划进行实验、得出结论、讨论应用五个环节线性推进。

提倡核心素养在课堂教学落地的今天，高中生物学教师对发展学生科学探究素养的认识情况又如何？我们从教师对科学探究素养培育的认知、科学探究素养培养的实施情况、实施科学探究素养教学的困难、教师视野下科学探究素养的作用、科学探究素养的评价等维度对浙江省高中生物学教师进行了无记名问卷调查。本次调查共回收问卷1156份，有效问卷1156份。参与问卷调查人员的基本信息如下：教龄5年内的教师占21.19%（245人），6～15年的教师占34.26%（396人），15年以上的教师占44.55%（515人）；初级及以下职称的教师占26.30%（304人），中级职称的教师占45.07%（521人），高级及以上职称的教师占28.63%（331人）；本科学历的教师占73.27%（847人），研究生及以上学历的教师占26.73%（309人）。参与问卷调查的教师来自直属重高、直属普高、区县重高、区县普高，各类型高中的教师人数分布基本均衡，为22%～28%。

### 1. 教师对科学探究素养培育的重要性认同度较高

教师普遍认同科学探究素养培育在提升学生学习兴趣和掌握科学研究一般过程与方法层面的意义，但对于提高学生学习成绩及育人价值方面的认同度较低（图1-1）。

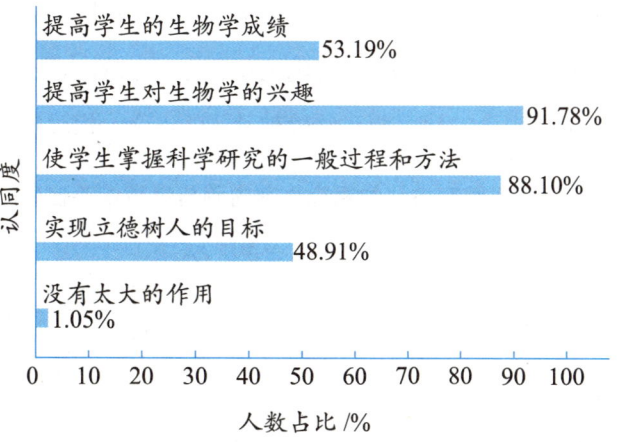

图1-1　教师对科学探究素养培育的重要性的认同度

（注：教师对科学探究素养培育的重要性的认同度不是单一的，可以同时选择多项。）

### 2. 教师对科学探究素养内涵的认识模糊不清

（1）教师对科学探究素养内涵认识的自我评价较高。

当问及"您了解科学探究素养的内涵吗"时，11.99%的教师表示自己非常了解，72.09%的教师表示比较了解，不太了解和不了解的教师占15.92%。不同类型学校的教师对这一问题的回答存在明显差异，直属重高教师选择非常了解的占17.18%，区县普高教师选择非常了解的比例不到10%（图1-2）。

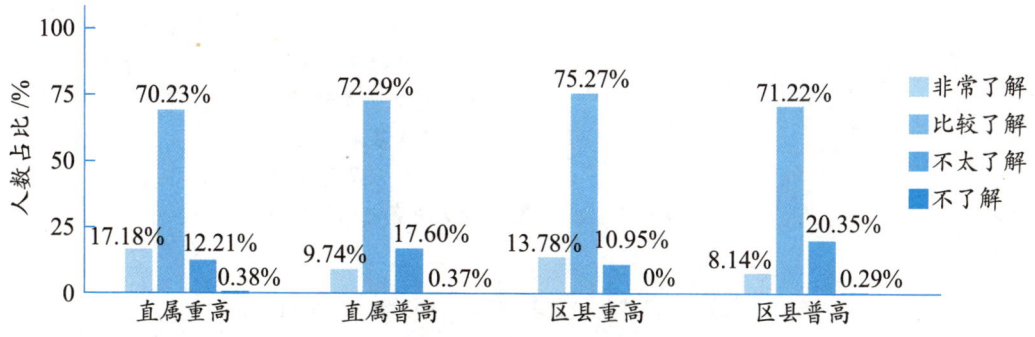

图1-2　教师对科学探究素养内涵的了解程度

进一步分析发现，这一数据与教师获取信息的渠道有一定的关联。获取有关科学探究内涵及培育策略信息的渠道，不同类型学校的教师存在着差异：直属重高教师获取信息渠道排名前三的分别是期刊、同行交流、学校组织的培训；直属普高教师获取信息渠道排名前三的分别是学校组织的培训、同行交流、期刊；区县重高教师获取信息渠道排名前三的分别是同行交流、学校组织的培训、期刊；区县普高教师获取信息渠道排名前三的分别是学校组织的培训、同行交流、期刊（表 1-1）。从中可以看出，直属重高教师学习新理念的内驱力较强，主动获取信息的愿望强烈，因此在自我评价方面相对也较为自信，而其他教师对于新理念的学习相对比较被动，自我评价相对较低。

表 1-1　教师了解有关科学探究素养内涵与培育策略信息的途径

| 类型 | 人数占比 /% | | | | | | | |
|---|---|---|---|---|---|---|---|---|
| | 期刊 | 书籍 | 学位论文 | 学校组织的培训 | 学生阶段学习过 | 同行交流 | 网络 | 其他 |
| 直属重高 | 71.37 | 52.29 | 27.10 | 67.18 | 12.98 | 67.94 | 47.71 | 9.54 |
| 直属普高 | 56.18 | 50.94 | 21.72 | 68.54 | 14.98 | 64.79 | 45.32 | 8.24 |
| 区县重高 | 69.61 | 56.54 | 32.51 | 69.61 | 13.78 | 71.38 | 48.41 | 9.54 |
| 区县普高 | 54.07 | 52.33 | 22.38 | 70.35 | 12.79 | 67.15 | 54.07 | 11.63 |

注：教师获取科学探究素养内涵及培育策略信息的途径可以同时选择多项。

（2）教师对科学探究素养内涵的认识模糊不清。

当问及"您如何看待科学探究素养与科学探究能力的关系"这一问题时，65.05%的教师认为科学探究能力是科学探究素养的一部分，但不清楚科学探究素养还包括什么；32.18%的教师认为科学探究能力是科学探究素养最核心的内容，两者基本可以等同；1.30%的教师认为两者没有区别，1.47%的教师不清楚两者之间有什么区别（图 1-3）。

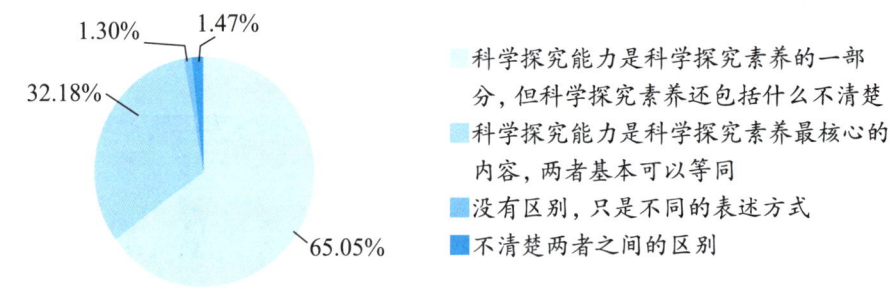

图 1-3　教师对科学探究素养与科学探究能力的关系的认识

我们进一步对不同职称、不同学历、不同类型学校的教师进行分析，发现结果无明显差异。这说明，教师虽然对科学探究素养认识的自我评价较高，但事实上对科学探究素养内涵的认识还是模糊不清，对课程标准的研读与学习仍需加强。我们从问卷"您认为科学探究素养包括哪几个方面"的统计数据也得到了进一步验证：约 30% 的教师不认为科学探究素养包含情感维度；10%～15% 的教师不清楚科学探究能力的四大要素；约 20% 的教师不认为科学探究素养包含对科学探究的认知维度（图 1-4）。

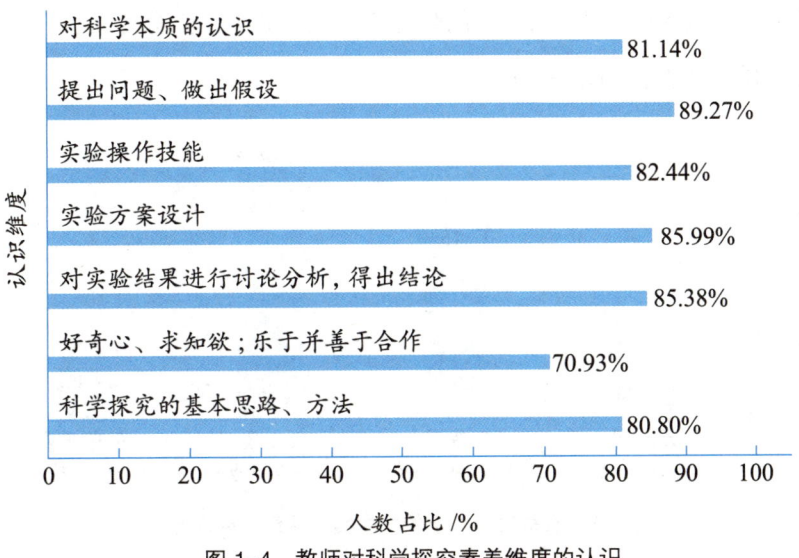

图 1-4　教师对科学探究素养维度的认识

### 3. 教师对科学探究素养的培育路径和策略不清晰

（1）教师对科学探究素养的培育有意愿，但实际实施情况不理想。

当问及"您开展的科学探究活动包括哪些"时，90.81% 的教师选择教科书指定的探究活动，59.76% 的教师表示会根据教科书内容拓展探究活动，分别有 24.15% 和 19.16% 的教师表示会让学生自主设计探究活动或教师自行设计实验探究活动（图 1-5）。

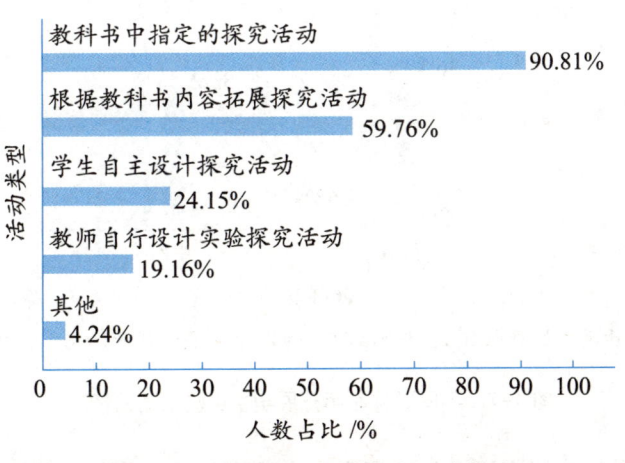

图 1-5　教师开展的科学探究活动类型

（注：教师开展的科学探究活动可能有多种。）

以上数据表明，教师愿意通过探究活动来培育学生的科学探究素养，也愿意跳出教科书的框架，尝试开展更多的科学探究活动。但从开展教科书所涉及的学生实验活动的数据来看：只有1.84%的教师表示开展了全部活动，37.45%的教师表示开展了大部分活动，两者相加不到50%；有56.08%的教师表示只开展了小部分活动，还有4.63%的教师表示没有开展过活动（图1-6）。

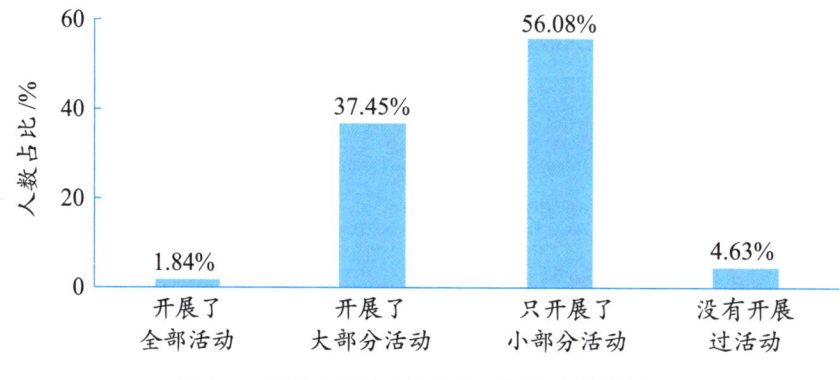

图1-6 教科书所涉及的学生实验活动开展情况

有意思的是，"开展了全部活动"和"开展了大部分活动"这两个选项的比例排序分别是高级教师（46.83%）、未定级教师（40.58%）、初级教师（37.45%）、中级教师（35.13%）（图1-7）。

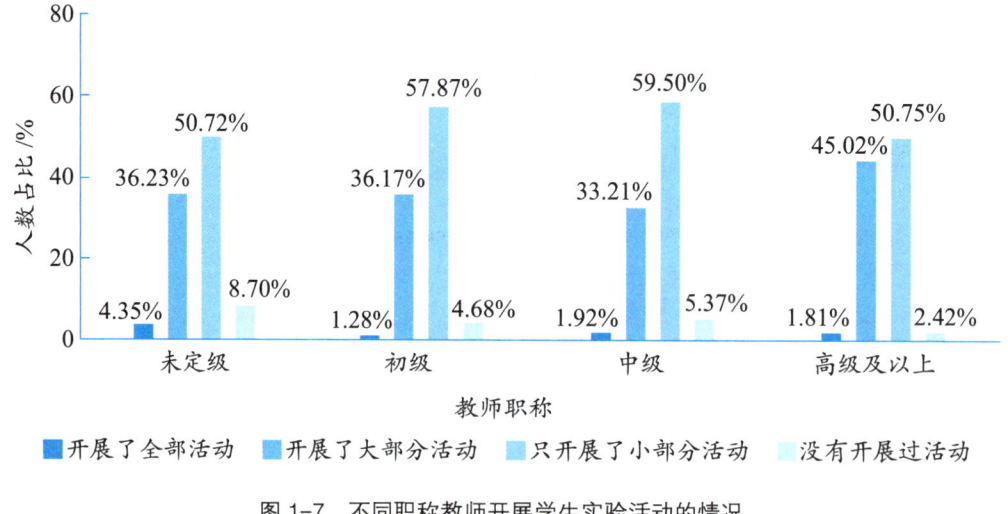

图1-7 不同职称教师开展学生实验活动的情况

不同类型的学校对探究活动的开展也具有明显差异性。其中，直属重高的实施情况相对较好，而区县普高中选择"没有开展过活动"的比例相对较高（图1-8）。

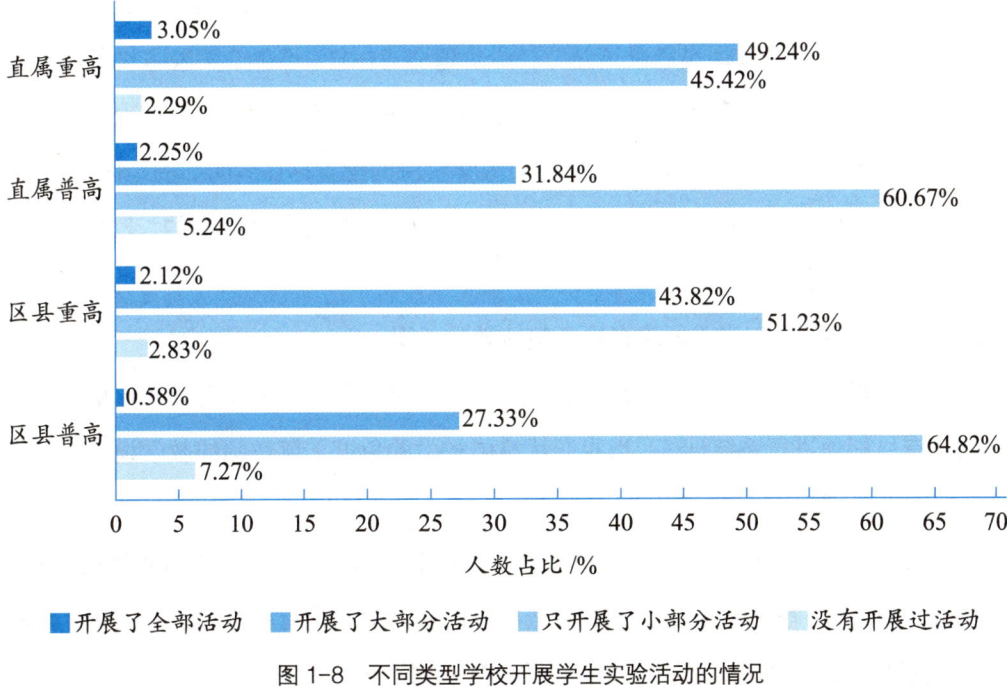

图 1-8　不同类型学校开展学生实验活动的情况

在未能很好实施探究活动的原因分析中，教师普遍归因为课时不够、考试压力大（89.19%）和实验室设备不满足条件（78.37%）等外因，也有教师认为是自身对科学探究的理解不到位（47.32%）或者是不知道科学探究素养培育的方法与策略（29.33%）等内因，有 37.80% 的教师归因为自己缺乏培育学生科学探究素养的意识（图 1-9）。

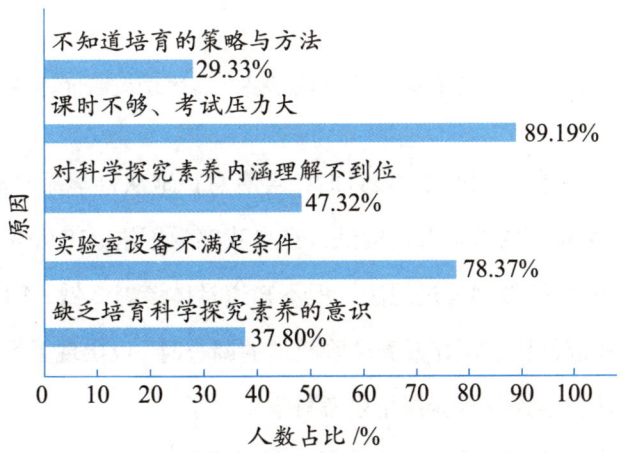

图 1-9　教师对未能很好实施探究活动的归因

（注：教师认为未能很好实施探究活动的原因可能有多种。）

分析发现,"课时不够、考试压力大"这一选项对不同学历、不同职称、不同学校的教师几乎无差异,分数还是教师衡量"自身价值"的标杆。选择"实验室设备不满足条件"和"不知道培育的策略与方法"选项的教师存在明显差异。前一个选项的数据表明,区县普高高出直属重高近20%,说明优质教学资源的配置存在着明显的地区不均衡;后一个选项的数据表明,区县普高高出直属重高近10%,这与前文推测的"教师自我认同存在差异"的观点是一致的。

(2)教师对科学探究素养的培育缺乏整体教学意识。

科学探究素养的培育并不是一蹴而就的,需要教师在教学过程中有针对性地开展学生活动,有目标地进行系统训练。当我们从整体教学的角度了解教师的教学设计时,发现实际情况并不理想。

当问及"您尝试过从科学探究素养视角,对高中生物学教学内容进行整体设计吗"时,只有26.25%的教师表示做过尝试,17.14%的教师表示没有考虑过这个问题,也有56.61%的教师表示考虑过,但不知道怎么做(图1-10)。

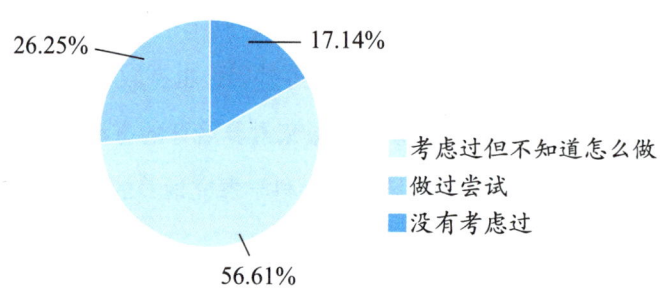

图1-10 教师从科学探究素养视角进行整体教学设计的情况

当问及"您在进行单元整体教学设计时,会有意识地从科学探究素养维度考虑学生活动设计吗"时,34.30%的教师有过尝试,且自我感觉不错;18.90%的教师有过尝试,但没什么效果;42.69%的教师有过想法,但不知道具体该怎么做;4.11%的教师表示没考虑过这个问题。在进行科学探究素养进阶教学的调查时,也出现了类似的结果。

(3)教师较少从科学探究素养视角思考科学史教学。

科学史所蕴含的教育营养是极其丰富的,科学活动中的想象、怀疑、创造性以及观察、搜集数据、归类和证明结论等能力均能够在科学史的探究中体现出来。在实际课堂教学中,教师对科学史的利用情况如何?我们对此进行了调查。

在"科学史教学的常用方式"中，53.80%的教师采用讲解科学史的方式（部分是直接讲教科书中的内容，部分是对教科书中的内容进行适当扩充），45.67%的教师表示会设计相应的学习任务，开展学生活动（图1-11）。

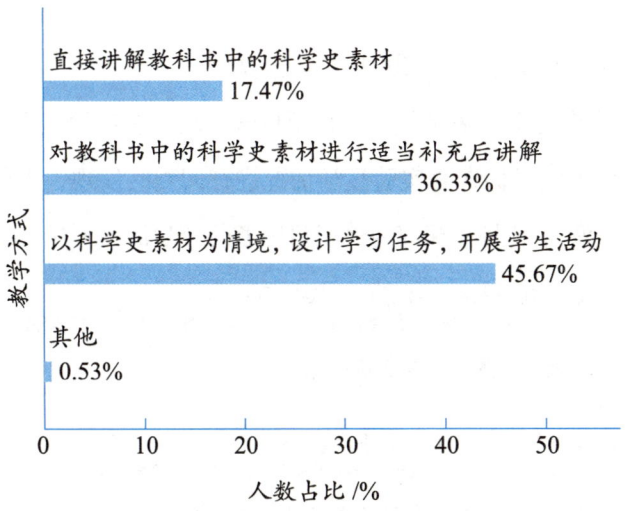

图1-11 教师在科学史教学时采用的教学方式

结论讲授式的科学史教学，将科学史当成了一个需要识记的生物学事实，忽略其内在的科学思维、科学方法、科学精神、人文精神，也使科学史失去了活力。

为更好地了解教师日常教学的实际情况，我们对细胞膜相关科学史的教学，从科学探究素养培育维度进行了具体设问，结果显示：43.86%的教师将教学活动设计侧重于结果分析讨论与得出结论；25.78%的教师侧重于实验方案设计；15.31%的教师侧重于问题的提出；9.43%的教师侧重于做出假设；3.37%的教师侧重于实验操作（图1-12）。

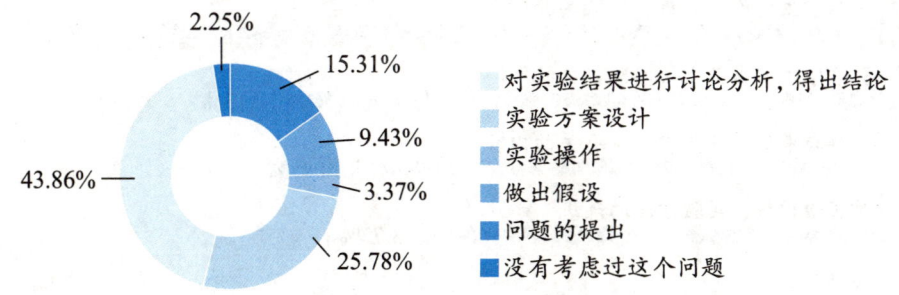

图1-12 教师对细胞膜相关科学史教学设计的侧重

从中不难看出，大多数教师未从科学探究素养视角来审视该部分教学内容。关于细胞膜成分、结果的科学史内容相对比较复杂，所用到的实验手段、方法、器材都是学生没有接触过的，因此从方案设计、实验操作等维度设计活动很可能成为"假活动"。除了根据实验结果分析得出结论，教师还可以从寻求证据、做出假设、实验验证等维度来开展学生活动。

（4）教师多以完成教学任务为目的开展实验教学。

生物学实验是指在特定环境条件下，采用科学方法，有目的地观察研究生物体结构和生命活动现象的过程。我们在对实验教学情况进行调查时发现，教师的教学模式仍集中在"讲一讲，练一练"，从科学探究素养视角思考的教学活动鲜见（图1-13、图1-14）。

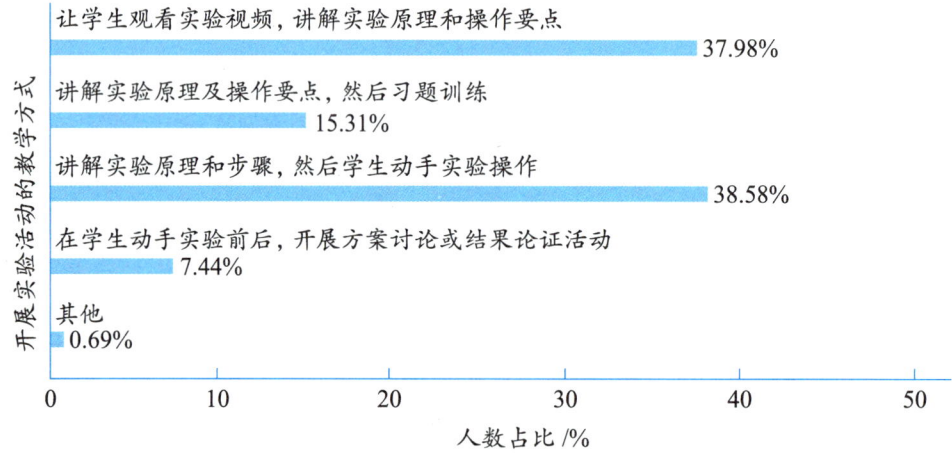

图1-13 教师开展学生实验活动的教学方式

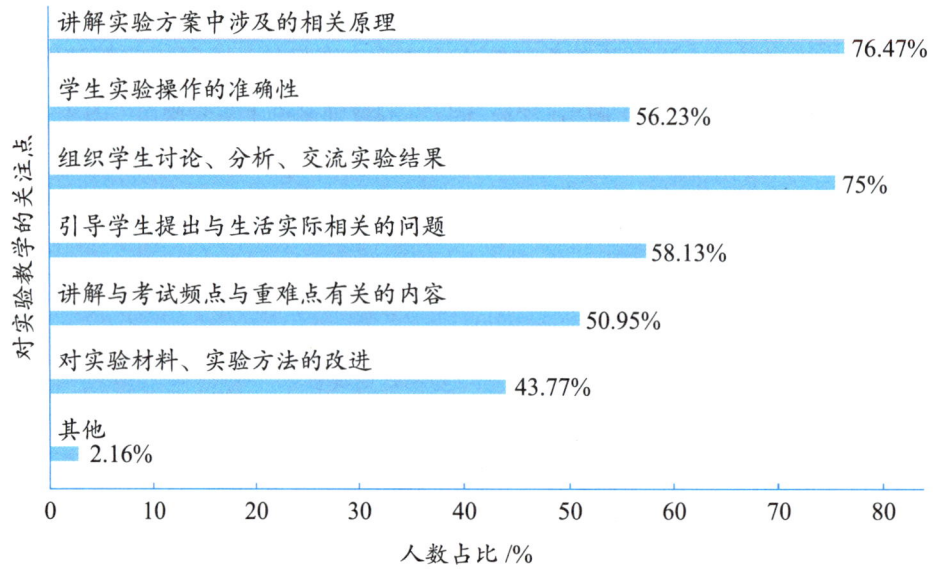

图1-14 教师对实验教学的关注点

从图 1-13、图 1-14 可见，教师多以按部就班的方式完成实验教学过程，对提升学生科学探究素养的思考较少。换言之，教师在进行教学设计时并未将提升学生科学探究素养作为实验教学的目标。

**4. 教师对科学探究素养评价方式呈现多元化特点**

教师对科学探究素养的评价呈现出多元化的特点，但如何更好地开展教学评价以指导教学与学习还有待商榷。从图 1-15 可见，教师对科学探究素养的评价方式主要集中在考试成绩、平时作业、课堂表现，体现了过程性评价与终结性评价相结合的特点。但这些评价手段都是教师基于经验给予的模糊评价，无法客观地呈现学生科学探究素养的真实水平。目前，能使用测量工具对学生科学探究素养进行评价的教师较少。因此，如何指导教师选择合适的测量工具用于教学测评是值得研究的。

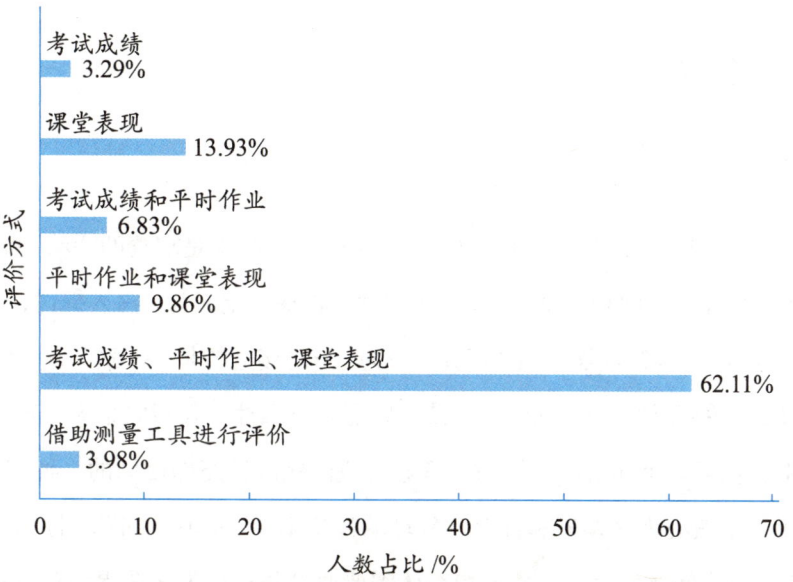

图 1-15 教师对科学探究素养的评价方式

# 第 2 章
# 理论与依据

学生科学探究素养的发展取决于教师所具备的学科教学知识,即教师首先要理解科学探究,明确科学探究素养发展的途径。本章对探究、科学探究、科学探究素养进行了概念界定,并以课程标准中的学业水平为依据,对科学探究素养的进阶水平开展了研究。

## 一、概念界定

### (一) 探 究

《牛津英语辞典》中,探究是指:求索知识或信息,特别是求真的活动;搜寻、研究、调查、检验的活动;提问和质疑的活动。《辞海》将探究定义为:深入探讨,反复研究。

在社会学、心理学领域很少用"探究"一词,与之接近的是"探索"。《社会学词典》将探索定义为一种研究方法,它的一个最大特点是未知性,其指向是为了解决"问题"。在心理学上,探索是个体解决问题时为搜索解决问题的道路而使用的一种策略。从中我们可以看出,虽然心理学领域和社会学领域的视角不同,但其"问题"性的特征是比较明确的。正是因为问题的存在,才使得个体需要通过各种行为来获得信息,掌握解决问题的方法,以实现对新环境的控制。

在教育学领域,最早提出"探究"一词的是美国著名教育家施瓦布(J. Schwab),他将探究作为一种学习方式,认为探究学习是儿童通过自主地参与获得知识的过程,掌握研究自然所必需的探究能力,同时形成认识科学概念,进而培养探索未知世界的积极态度。[1]

---

[1] 陈琴,庞丽娟.科学探究:本质、特征与过程的思考[J].教育科学,2005 (1):1.

综上所述，探究是个体围绕问题或任务展开的探索活动，问题是探究得以产生的基础。通过探究，个体获得知识、提升技能、发展情感和态度。探究的实质是发现问题、解决问题。

### (二)科学探究

美国学者韦尔奇(W. Welch)认为，科学探究是一般探究的"子集"，它的对象是自然界[①]。通过科学探究，人们可发现和揭示客观事物的本质及其相互关系，掌握自然发展的规律。

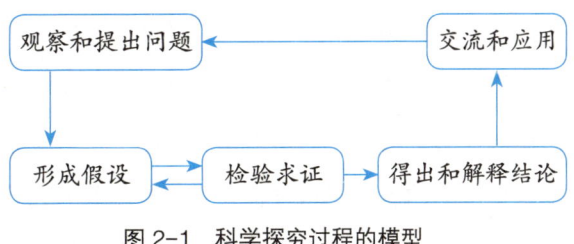

图 2-1　科学探究过程的模型

关于科学探究的展开过程，不同的学者有不同的看法。但综合来看，科学探究过程都离不开提出问题、建立假设、制订研究方案检验假设、得出结论、交流结果五个基本过程。陈琴和庞丽娟将其归纳后提出了科学探究基本过程模型(图2-1)。她们认为：观察是科学探究的基石，在此基础上发现未知，提出问题，确立探究主题。假设是对于问题的简洁陈述，是一种解释或者预测，是科学发展的必经之路。检验是对观察和假设的验证，它有两种方式：一是引证，即收集事实或证据支持假设，通过分析、概括等方式来验证假设成立与否；二是实验，即通过动手操作来验证假设的正确性。在验证的基础上，形成关于某一现象或问题的科学认识(得出和解释结论)，并将其与他人进行相互交流。交流有助于将证据、已有的科学知识、解释这三者紧密联系起来，促进科学结论的获得。最后，将所得结论应用到其他情境中，以进一步验证并扩大和丰富对于自然世界的认识。同时，假设和验证是连续循环、交叉重叠的，这样才能形成科学的世界观。[②]她们还提出，这个模型并非固化的，针对不同的问题有不同的研究过程和方式。

美国《国家科学教育标准》对科学探究进行了界定，认为科学探究指的是科学家用以研究自然界并基于此种研究获得证据、提出种种解释的多种不同途径；科学探究也指学生用以获取知识、领悟科学的思想观念、领悟科学家研究自然界所用的方法而进行

---

① 陈琴,庞丽娟.科学探究：本质、特征与过程的思考[J].教育科学,2005(1):1.
② 同①.

的各种活动①。这里的探究包含两个层次：一是科学家的科学探究，即通过探究的方式来了解自然；二是科学教育中的探究，指的是学生在课堂教学中认识科学本质、获取科学思维和方法的过程。有学者认为，科学教育中的探究有五个关键特征：①学习者被科学问题所吸引；②学习者寻找证据以解释科学问题；③学习者基于证据将对科学问题的解释体系化；④学习者对其形成的解释进行评价，以获得更恰当的解释；⑤学习者对其提出的解释加以确证和交流，即形成问题→获取证据→形成解释→评价解释→交流解释。这种探究直接体现了"科学即基于证据的解释"的新科学观②。上述两个层次的探究虽然在表述上有区别，但本质是相同的。首先，都是以问题为导向驱动探究的发生。其次，是一个主动的意义建构过程。探究过程以个人原有经验为基础，通过将获取的新信息与原有经验进行联系、比对、推理、分析等，建构对新知识的理解并对原知识结构进行调整、改造，进而实现对客观世界的认知建构。最后，科学探究过程中会使用观察、分类、测量、假设、预测等科学方法和概括、分析、类比、归纳等科学思维，科学探究过程也是一个科学思维的提升过程。

美国《国家科学教育标准》对教育中的科学探究内容也进行了界定，强调探究能力和对科学探究的理解。探究能力要求学生能将探究过程的五个方面（问题、证据、解释、评价、表达）与科学知识融合，通过推理、分析等科学思维来加深对科学的理解，批判性地评价科学知识。科学探究的理解侧重对科学本质的理解，强调"科学知识是如何根据新发现的证据、逻辑分析以及科学实证得到修正而改变的，还包括为什么会有这样的改变"③。对科学探究的评价，不再指向识别和记忆，而应着眼于应用基本概念进行深层推理④。

### （三）科学探究素养

课程标准对"科学探究"做了具体表述："能够发现现实世界中的生物学问题，针对特定的生物学现象，进行观察、提问、实验设计、方案实施以及对结果的交流与讨论

---

① 国家研究理事会科学、数学及技术教育中心，《国家科学教育标准》科学探究附属读物编委会. 科学探究与国家科学教育标准[M]. 罗星凯等，译. 北京：科学普及出版社，2004：6.

② 李雁冰. 科学探究、科学素养与科学教育[J]. 全球教育展望，2008（12）：14.

③ 同①.

④ 李高峰，刘恩山. 美国《国家科学教育标准》倡导的科学探究[J]. 教育科学，2009（5）：88.

的能力。学生应在探究过程中，逐步增强对自然现象的好奇心和求知欲，掌握科学探究的基本思路和方法，提高实践能力；在探究中，乐于并善于团队合作，勇于创新"。[1]课程标准在教学建议中还特别提出要注重科学本质的学习，提到"科学知识可能随着研究的深入而改变""科学工作依赖观察和推论""科学工作采用基于实证的范式""科学是创造性的工作"等。因此从课程标准来看，作为核心素养的"科学探究"是指学生能针对有价值的问题进行研究，基于好奇和困惑理解生命世界和建构知识的意愿和能力，它包括科学探究能力（基本程序）、对科学探究的认知和情感意识三个方面[2]。

科学探究能力按科学探究的基本环节来表述，包含发现和提出问题的能力、做出假设的能力、设计实验等探究方案的能力、实施探究方案获取证据的能力、得出结论做出解释的能力以及交流和讨论的能力等要素。对科学探究的认知是指对科学探究本质和特点的理解，科学探究的情感意识则包括乐于探究、善于合作、勇于提出不同观点等科学精神。

我们研究的科学探究素养包括知识、能力、情感三个维度，是指学生围绕问题、证据、解释、验证、交流五个方面展开的学习活动，在此过程中逐渐建构科学知识、发展探究能力、领悟科学精神，最终形成应对未来社会的关键能力和必备品格。其中的科学探究能力是科学探究的基本程序，是科学探究的"形"，它最为显性，易落实与评价，也较易形成教学模式或模型，是我们研究与探讨的重点。

## 二、科学探究素养进阶水平研究

根据课程标准对核心素养的解读及水平划分，我们将科学探究素养中的科学探究能力分成"问题与假设""实验方案设计""实验方案实施""结果分析交流"四个维度，每个维度四个水平，水平从低到高具有递进关系。其中，一、二级水平为高中生通过生物学学业水平合格考试需达到的科学探究能力水平，三、四级水平为高中生参加生物学学业水平等级性考试需达到的科学探究能力水平。四个维度分别以活动"探究植物细胞细胞液的浓度""探究温度对酶活性的影响""检测可溶性还原糖的含量""孟德尔定律的科学史分析"为例展开说明。

---

[1] 中华人民共和国教育部.普通高中生物学课程标准（2017年版2020年修订）[M].北京：人民教育出版社，2017：2.
[2] 赵占良.对生物学学科核心素养的理解（三）——科学探究与实践[J].中学生物学，2020（1）：4.

## （一）"问题与假设"维度

提出正确的问题，往往等于解决了问题的大半。在科学研究过程中，科学家会在观察和分析特定现象的基础上提出可探究的问题，这是科学探究的第一步，也是最重要的一步。可以毫不夸张地说，没有问题就没有科学研究。接着，根据问题分析相关资料，对特定现象做出尝试性解释，即假设。提出可探究的问题是需要创造性的，而做出合理假设的过程需要对相关资料进行分析与推理，两者均可有效提升学生的科学探究素养。

科学探究素养的"问题与假设"维度包含观察、问题、假设三个要素。科学观察，是指使用工具观察生物学现象，该维度的进阶主要体现在工具使用的正确性和熟练度，以及能否自主选择合适的工具。"提出问题""做出假设"两个维度水平的进阶均是从分析具体详细的实验方案开始，逐渐进阶为在简单实验框架下，由教师引导提出问题、尝试做出假设；进而在特定的具体情境中自主提出问题，做出有生物学理论依托的假设；直至在日常生活情境中提出清晰的、有价值的、可探究的生物学问题，做出合理假设，并解释证据和假设之间的关系。

### 1. 科学观察

水平一：能使用简单工具（如显微镜等）观察。

水平二：能正确使用工具观察。

例如：学生能正确使用显微镜观察到清晰的洋葱外表皮细胞，并完成由低倍镜向高倍镜视野转换等操作。

水平三：能熟练使用工具观察。

水平四：能自主选择工具并熟练观察。

例如：针对"烧苗现象"，学生会自主选择材料并制作临时装片，正确操作显微镜，在显微视野下观察植物细胞的质壁分离情况。

### 2. 提出问题

水平一：能分析出实验方案所要研究的问题。

水平二：能在教师引导下提出生物学问题。

例如：在教师的引导"根据已有的实验材料以及细胞发生渗透的原理，提出感兴趣的问题"之后，学生提出"引起细胞失水和吸水的外界浓度范围是什么"等生物学问题。

水平三：能针对特定情境提出可探究的问题。

水平四：能针对日常生活情境，提出清晰的、有价值的、可探究的问题。

例如：针对"烧苗现象"，提出问题"植物根尖细胞的细胞液浓度是多少"。

3. 做出假设

水平一：能根据实验方案归纳实验假设。

水平二：能根据问题做出假设。

例如：对"引起细胞失水和吸水的外界浓度范围是什么"这一生物学问题，做出假设"细胞与外界溶液存在浓度差，会引发渗透失水或吸水"。

水平三：能根据问题做出合理假设，并说出依据。

水平四：能做出合理假设，并解释证据和假设之间的关系。

例如：对"植物根尖细胞的细胞液浓度是多少"这一生物学问题，做出假设"细胞既不失水又不吸水时的外界溶液浓度为细胞液浓度"，证据是"50%细胞发生初始质壁分离"这一实验现象，并能解释"细胞液与外界溶液存在浓度差时，会发生吸水或失水的渗透作用。不同细胞的细胞液浓度不同，可以将50%细胞发生初始质壁分离时的外界溶液浓度当作根尖细胞的平均细胞液浓度"。

## （二）"实验方案设计"维度

为了验证探究性问题中假设的正确性，我们需要设计并实施实验进行验证。实验的顺利开展，需要有具体的实验方案，让实验的实施具有可行性、计划性、科学性，所得的实验结论具有更高的信度和效度。实验探究的关键在于根据自变量科学分组、有效控制无关变量、科学收集因变量，因此实验方案设计中分析变量是核心环节。选择合适的材料对象和实验器材将直接影响实验的可行性，明确实验操作顺序、时间安排使得实验开展更有计划性，正确的操作步骤关系着实验结果的科学性。

科学探究素养的"实验方案设计"维度包含变量、材料、步骤三个要素。"分析变量"水平的进阶体现在三个方面，一是从单因子分析进阶至多因子变量分析，二是从需要他人的帮助到独立完成变量分析，三是在准确分析的基础上对变量下操作性定义。"材料选择"的进阶主要在两个方面，其一在于实验材料是否已给定，其二在于材料的选择是否独立完成。"确定步骤"的第一、二水平进阶在于分析给定的实验步骤，然后通过模仿完成新的实验方案的步骤设计；第三、四水平的进阶在于实验的探究性和复杂程度的提升。

### 1. 分析变量

水平一：能分析给定实验方案的自变量、因变量和无关变量。

水平二：能根据问题，通过教师引导或与同伴讨论，进行单因子变量分析。

例如：根据问题"温度对淀粉酶活性有何影响"，在教师的引导下，说出如何进行自变量的设置、因变量的检测，并指出唾液的量、淀粉溶液体积、pH 等变量是无关变量。

水平三：能独立准确地完成单因子变量分析并下操作性定义，或通过与同伴讨论，准确进行多因子变量分析。

水平四：能独立且准确地进行多因子变量分析并对变量下操作性定义。

例如：根据问题，准确说出实验自变量和因变量以及常见的无关变量，并分析出实验材料"唾液"含有很多无关变量，如唾液的来源、相同体积唾液中的酶含量等。

### 2. 选择材料

水平一：能解释给定实验方案中材料与工具选择的合理性。

水平二：能根据变量，在教师引导下选择实验材料与工具。

例如：在教师引导下，从实验室众多材料和器具中选择淀粉溶液、唾液、碘液，以及水浴锅、试管、滴管、量筒等实验工具。

水平三：能与同伴讨论并完成材料和实验工具的选择。

水平四：能独立且正确地选择合适的实验材料和工具。

例如：在利用大米酿酒的发酵实验中，选择 α-淀粉酶、β-淀粉酶、糖化淀粉酶作为实验材料，并制作成固定化酶柱用于实验。

### 3. 确定步骤

水平一：能分析并说出给定实验方案中步骤设置的合理性。

水平二：能通过模仿，确定探究性实验的步骤。

例如：通过模仿"探究温度对酶活性的影响"的实验步骤，确定其他外界因素影响酶活性的相关实验步骤。

水平三：能独立完成探究性实验的步骤设计。

水平四：能独立完成复杂工程学实验的步骤设计。

例如：在利用大米酿酒的发酵实验中，根据固定化酶的种类，设置不同的环境温度来控制无关变量，自主完成一系列子实验的步骤设计。

### （三）"实验方案实施"维度

"实验方案实施"是方案制订后的具体操作阶段，通过独立操作或团队合作等形式，利用相关工具，完成实验操作步骤，用行动真正地解决问题。实验方案的实施是科学探究活动中至关重要的一环，没有方案的有效实施，假设的真伪便无从验证。该环节的开展需要实验者严格按照实验方案的步骤、规范使用工具、正确进行技能操作，以减少实验误差，从而完成假设的验证。

科学探究素养的"实验方案实施"维度包含工具、技能、合作三个要素。"使用工具"水平的进阶在于学生使用工具的复杂程度，以及是否了解、掌握该仪器的工作原理。"掌握技能"的水平进阶在于操作技能的难易程度，以及是否能独立完成某项技能。"团队合作"各水平的区别在于学生在团队中的身份角色以及在合作探究中的主动程度。

#### 1. 使用工具

水平一：独立使用简单实验工具（光学显微镜、水浴锅等）。

水平二：掌握简单仪器的工作原理，独立、规范使用简单实验工具。

例如：了解水浴锅的工作原理，独立进行预设加热温度、调整水浴锅内水位等准备工作，并完成80℃水浴加热。

水平三：规范使用复杂实验工具（如血细胞计数板、离心机、分光光度计、PCR仪、高压蒸汽灭菌锅等）。

水平四：掌握复杂仪器的工作原理，并能根据实验目的，调整仪器状态以高质量完成实验。

例如：能解释分光光度计的工作原理，能正确完成预热分光光度计，调零，调整至特定波长，准备样液等准备工作，并进行样本OD值测定。

#### 2. 掌握技能

水平一：能准确说出技能操作步骤，在他人指导下完成简单技能操作（如制作临时装片、引流法、排水集气法、徒手切片、纸层析法等）。

水平二：独立、规范完成简单技能操作。

例如：独立且规范进行本尼迪特试剂鉴定还原糖的操作，完成定性实验。

水平三：在他人指导下完成复杂技能操作（如血细胞计数板计数、光电比色法、无菌接种、PCR扩增、显微注射等）。

水平四：独立完成复杂技能操作，并能利用各项技能达成某种实验目的。

例如：独立、规范完成光电比色法，并能根据待测物质种类的改变，及时调整分光光度计的波长，定量检测并比较不同样本中待测物质的含量。

### 3. 团队合作

水平一：完成组长分配的实验内容。

水平二：完成分配的任务并在他人求助时提供帮助，合作完成探究实验。

例如：实验中，既能完成个人操作过程，也能在组员请求帮助时给予帮助。

水平三：主动与他人合作完成探究实验。

水平四：能组织、引领团队合作完成探究性实验。

例如：以组长的身份，整体把控实验的开展，合理分配任务，让每个组员都参与实验，并承担相应的工作，让实验有序地开展。

## （四）"结果分析交流"维度

实验的结束，并不意味着研究的结束。实验者需秉承实事求是的态度，选择合适的方式和工具，客观准确地记录实验结果。实验结束后，分别对定性和定量结果展开科学分析，是为了得出清晰的实验结果，实验者可以借助数字化工具对数据进行处理并尝试挖掘数据中深层次的规律和可能性。根据分析后的结果判断实验假设的正确性，得出相应的实验结论。此过程中，实验者就结果结论、疑惑、生成的新问题与老师或同伴进行交流讨论。研究的最后，以一定的形式形成研究成果。

科学探究素养的"结果分析交流"维度包含记录、分析、交流三个要素。"记录结果"的进阶主要在于记录方式的合理性、多样性以及是否借助数字化工具。"分析结果"第一、二级水平的区别在于是否能独立完成结果的分析和呈现，第三级水平要求能多元化地分析实验结果，第四级水平是指能通过分析，寻找隐藏在结果中的数学规律。"交流讨论"的水平进阶围绕着实验结果的呈现方式以及对实验结果是否有进一步的思考展开。

## 1. 记录结果

水平一：能用书面形式记录实验结果。

水平二：能选择恰当的方式如实记录实验结果。

例如：以一定的规则，简明清晰地记录结果，如用表格的形式进行记录（表 2-1）。

表 2-1　孟德尔两对相对性状杂交结果

| 代数 | 亲代 | $F_1$ | $F_2$ |
|---|---|---|---|
| 表型 | 黄色圆形、绿色皱形 | 黄色圆形 | 黄色圆形（315 颗）、绿色圆形（108 颗）、黄色皱形（101 颗）、绿色皱形（32 颗） |

水平三：能用多种方式如实记录实验结果。

水平四：能使用数字化工具如实记录实验结果。

例如：利用 Excel 等工具记录实验结果。

## 2. 分析结果

水平一：能在教师引导或同伴帮助下分析实验结果。

水平二：能独立分析并选用恰当的实验结果呈现方式。

例如：不仅可以对 $F_2$ 籽粒的性状组合类型进行定性分析，还可以进行定量分析；不仅可以对两对相对性状组合后的表型进行数量分析，还可以就每一对相对性状进行数量分析。

水平三：能用多种方式，正确分析实验结果。

水平四：能创造性地用数学方法分析实验结果。

例如：利用 Excel 进行结果分析，以及多种形式的数学建模（图 2-2）。

对数据进行数学分析和建模后，发现 9︰3︰3︰1 =（3︰1）×（3︰1）的数学规律，构建子代性状分离比的数学模型。

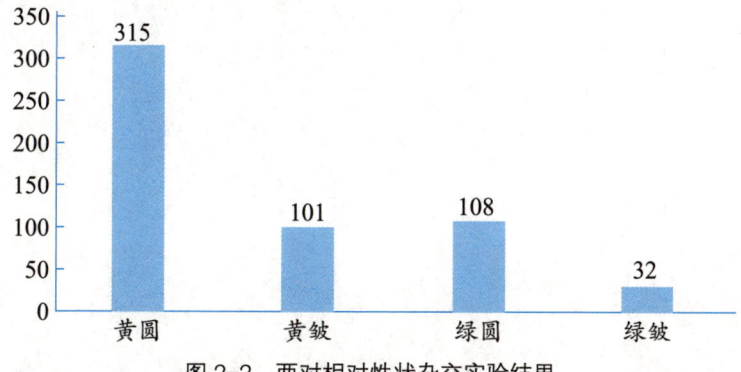

图 2-2　两对相对性状杂交实验结果

### 3. 交流讨论

水平一：能向他人正确表述实验结果。

水平二：能用书面或口头方式与他人讨论实验结果。

例如：将 $F_2$ 代的实验结果以口头形式准确、全面地转述给同伴，并从基因型、表型等多个角度展开交流讨论。

水平三：能用科学术语报告实验结果。

水平四：能用科学术语精确阐明实验结果，并与他人展开交流。

例如：能与同伴就实验结果的解释、误差分析与归因等展开讨论，如分析性状分离不完全等于 9∶3∶3∶1 的原因，可能是由于 $F_2$ 代的籽粒数量还不够多，并推测数据库越大，性状分离比越接近 9∶3∶3∶1。或对实验结果提出疑问，如 9∶3∶3∶1 的性状分离比是否适用于所有两对相对性状的杂交实验结果。

# 第 3 章
# 行动与对策

科学探究素养中的科学探究能力包括"问题与假设""实验方案设计""实验方案实施""结果分析交流"四个维度。科学史教学和实验教学是发展学生科学探究素养的两大重要途径。本章将在大量实践案例的基础上，从科学史教学和实验教学两个维度，提炼出科学探究素养培育的策略，并以科学探究素养的四个要素为落脚点，通过具体案例对进阶策略和进阶水平进行剖析。科学探究素养的发展并不是单线条的，我们从单元整体教学的视角开展了实践，学生在建构重要概念、凝练生命观念的过程中，可以逐步发展科学探究素养。

## 一、科学探究素养培育策略

科学探究素养进阶水平搭建了以科学探究素养为隐性单元的目标体系，即告诉教师要带领学生去哪里。那么，教师如何才能帮助学生顺利到达"目的地"呢？这就需要教师根据实际选择合适的教学策略。通过大量案例分析，我们从科学史教学和实验教学两大途径，提炼了有助于发展学生科学探究素养不同水平的教学策略。

### （一）合理选择和利用科学史，凸显科学论证

生物学科学史描述的是生物科学发生发展的相关历史，展示的是科研人员对生物学学科知识的探索过程，它不仅包含着大量的生物学事实，也记载了生物学家在探究生命规律过程中所用到的科学思维和科学方法。课程标准强调概念教学，要求内容聚焦大概念，如果我们将此作为教学过程中的明线，那么学科核心素养的提升则是教学过程的暗线。科学史的内涵决定了这种情境化的素材不仅可以帮助学生建构概念，还能发展其科学探究和科学思维能力，是实现教学明暗线交融的好素材。

在科学史教学中，教师需要关注的是如何合理选择和利用科学史素材。我们通过随堂听课和访谈发现，科学史教学存在以下几个常见问题：直接教授科学史内容、盲目选择科学史素材，加重了学生识记负担；不对科学史的教学价值作深入分析，只是单一设置从结果到结论的相关问题，不能全面发展学生的科学探究素养。如何以科学史素材为载体，帮助学生建构概念，发展科学探究素养？教师可以运用以下策略来开展科学史教学，凸显科学论证过程，在发展学生科学探究素养的同时提升科学思维。

> **知识链接**
>
> **科学论证**
>
> 科学论证是在进行科学探索时，寻找相关合理证据，对所研究的科学问题进行剖析、评估、预测和解释，建立证据与观点之间的联系，构建正当主张或反驳他人观点的实践活动[1]。
>
> 相比较其他教学方式，科学论证是真正要求学生自主寻求证据与主张之间联系的多层面交互活动[2]。科学论证强调证据，注重从证据到观点的推论，允许在论证过程中有依据地修正自己的观点，是一种深度学习的方式。

### 1. 合理确定科学探究维度与水平

在常态科学史教学过程中，教师往往习惯用科学史引导学生分析实验结果，得出实验结论。这样的教学只关注了科学探究素养的"结果分析交流"维度，目标体系的单一限制了科学史素材的使用。科学家在研究相关问题时所用的实验器材、实验方法在高中教学中可能没有涉及，很多高中学校也没有相应的硬件条件来满足实验实施，因此借助科学史实验来提升学生"实验方案实施"维度的科学探究素养确实困难，但这并不影响其他维度的教学。例如，戈特（E. Gorter）和格兰德尔（F. Grendel）研究细胞膜结构的科学史实验，教师可以选择"问题与假设"维度展开教学，为学生提供科学史素材后，引导学生通过模型和建模的方法提出问题与假设，感悟"无知"，激发好奇心；发现水通道的相关科学史材料则可以侧重"实验方案设计"维度的教学，通过分析变量、模仿或改进实验设计等途径，让学生体会经典实验设计思路。有条件的学校也可以尽可能地为学生创造环境，完成实验方案的实施，如豌豆、果蝇的杂交等实验。教师只有兼顾各个维度

---

[1] 王欣欣.基于科学论证的高中生物学概念教学的实践研究[D].长沙：湖南师范大学，2020.
[2] 毛思思.基于科学论证的高中生物学概念教学研究[D].温州：温州大学，2021.

的素养目标才能更全面地发展学生的科学探究素养。

课程标准中所提出的核心素养是高中生物学的课程目标，是从生物学学科视角对学生应具备的、能够适应终身发展和社会发展需要的必备品格和关键能力的具体描述。这个总目标的落实并不是随意碰运气、看学生资质而定的，而是在每节课、每个单元中有计划、有步骤地系统落实的。因此在教学过程中，教师需要构建以科学探究素养为核心的目标体系，根据学生实际情况来确定课时教学目标，并通过评价不断调整教学，这样才能循序渐进地提升学生的科学探究能力，有效地发展其科学探究素养。

因此，在利用科学史展开教学时，教师可以根据不同科学史素材的特点和学生的能力水平，确定合适的科学探究维度和水平。这是全面而有差异地发展学生科学探究素养的前提。

### 2. 适度加工科学史素材

科学史是生物科学的发展历史，内容纷繁复杂。教科书所选择和呈现的科学史往往是根据编排需要，经过了一定的加工。在教学设计过程中，教师首先需要进一步查找相关资料，了解科学史实。其次，根据学情和教学需要，在尊重史实的基础上，对教科书所提供的科学史素材进行删减或增添等二次开发。例如，在开展"细胞核是细胞进行生命活动的控制中心"这一概念教学时，教科书提供了伞藻嫁接实验示意图，学生几乎不需要深入分析与思考就能得出结论"细胞核是遗传性状的控制中心"。这样的展示给学生一种"科学研究非常简单"的错觉。事实上，德国的藻类学家黑默林（J. Hammerling）用地中海伞藻、细圆齿伞藻在完成了切割实验的基础上，再完成嫁接实验，其中包含着对"控制遗传性状的部位究竟在哪里"这一问题的严谨思考过程。另外，嫁接的实验结果中出现了教科书未呈现的中间类型。因此，教师非常有必要对教科书提供的科学史素材进行补充，将科学家研究的全过程展示给学生，引导学生像科学家一样思考。这样才能发展学生的高阶思维，培育学生的科学探究素养。

任何研究都有其相关的研究背景，脱离了这个背景学生很难理解为什么科学家会想到这个问题，为什么会做出这样的假设，为什么会开展这样的研究，甚至会觉得科学家的想法很"荒诞"。因此，在加工科学史素材时，教师需要注意对研究背景的还原。例如，在介绍细胞膜结构模型时，如果教师只是简单地描述罗伯逊（J. Robertson）所提出的"三明治"静态模型，而不说明当时所处的文化背景及对细胞膜结构探索中的贡献，就容易导致学生对罗伯逊产生误解，也不利于培养学生的科学探究精神。因此，在进行科学史教学时教师需要认真分析科学家所处的时代背景，明确当时的时代水平和限制因素，这样才能使学生认同每位科学家的贡献，学习他们的科学态度和科学精神。此外，提供准确的时代背景，还有利于创设真实的学习情境，能让学生不自主地"沉浸"其中，开启深度学习模式。例如，在开展"肺炎链球菌活体转化实验"教学时，教师常用的方法是展示四组实验过程和结果的图片，引导学生进行变量分析，通过交流来得出实验结论——加热杀死的S型菌中存在着转化因子。从科学探究的视角来看，这样的科学史可以帮助学生达成"实验方案设计"维度和"结果分析交流"维度的二级水平。那如何进一步利用这个实验拓展更多维度的教学活动？倘若教师补充交代研究背景，即"1913年前后，科学家已经鉴定出S型和R型肺炎链球菌的四种类型，分别为Ⅰ、Ⅱ、Ⅲ、Ⅳ。格里菲思（F. Griffith）在做患者痰液样本鉴定时发现相同亚型的R型菌和S型菌可以相互转化，并意外发现某亚型R型菌可以转化为其他亚型S型菌。此偶然发现激发了格里菲思寻找促使这种转化发生的原因，才有了后来的活体肺炎链球菌转化实验"，就为学生创设了一个真实的学习情境，能让学生更深入地理解科学家的研究思路，认同科学研究需要抓住每个细节。在此基础上，教师引导学生亲历"提出问题—做出假设—设计实验"的探究过程就更顺理成章了，教师再将学生设计的实验方案与科学史中的实验方案进行对比，或肯定或修正学生的实验设计方案，可以更全面地提升学生的科学探究素养。

### 3. 熟练运用HPS教学模式

1997年英国学者孟克（M. Monk）和奥斯本（J. Osbome）以建构主义理论为指导，提

> **知识链接**
>
> **HPS教学**
>
> HPS教学是指把科学史（History of Science）、科学哲学（Philosophy of Science）、科学社会学（Sociology of Science）相关内容纳入科学课程中，它可以帮助学生理解科学本质，发展科学探究素养。[1] HPS教学包括演示现象、引出观念、学习科学史、设计实验、呈现科学理论或实践检验、总结与评价等环节[2]。

---

[1] 王雅娇.高中生物学教学基于HPS培养学生科学思维的实践研究[D].哈尔滨：哈尔滨师范大学，2021.
[2] 美国科学促进协会.面向全体美国人的科学[M].中国科学技术协会，译.北京：科学普及出版社，2001.

出了 HPS 教学模式。在课堂教学实践中，我们将此模式简化为演示现象、引出观念、学习科学史、评价提升四个环节。

演示现象是指教师将科学史中的科学现象或科学问题，通过演示的方式引入课堂，给学生直观感知，明确学习内容，激发学习好奇心，为后续探究做好铺垫。

引出观念是指教师引导学生根据科学现象或科学问题提出自己的观点，这也是对科学探究素养的"问题与假设"维度的训练。需要注意的是，假设并不是胡乱的猜测，假设是对问题的一种合理解释，需要依靠模式识别和因果推断，即需要证据。在这个过程中，教师需要引导学生寻找证据，充分展开讨论，形成证据与问题之间的联系。这一方面可以培养学生推理的科学思维，认识到知识的价值在于解决问题，另一方面也提升学生"做出假设"的科学探究素养。

学习科学史是指教师根据科学史的具体内容，结合学生的实际能力水平，以不同的方式将科学史素材呈现给学生，通过选择适合的科学探究素养维度来设计问题链，引导学生运用分析推理、设计实验、科学论证、实践检验等形式展开学习，深化学生对科学史内涵的理解。在科学史材料的呈现过程中，教师要有选择地补充影响科学发展的社会因素、科学家之间的互动会促进科学研究的进步等内容，实现科学社会学思想的渗透；以任务、时间、实验等分类方式清晰呈现科学史中的不同内容，让学生在潜移默化中感悟科学发现的过程，认识到观察、实验与理论对科学的重要性，认识到每个实验结论的得出都推动着科学的进步，渗透科学哲学中的核心问题[①]。

评价提升环节，教师需要引导学生在归纳概括科学家的研究过程的基础上建构相关概念，体会科学研究思想；需要组织学生讨论科学家所做的不同实验的意义并给予评价，渗透科学哲学思想，体会科学家经过观察、实验得出观点进而形成理论的过程；需要帮助学生建立知识与现实生活的联系，渗透科学社会学思想，帮助学生体会科学与社会的互作关系，感悟科学家勇于发现、勇于实践的科学精神。

教师在以科学史为载体的教学过程中，能清晰认识到科学史的教育价值，但对科学哲学、科学社会学等内容相对比较陌生，也关注较少。运用 HPS 教学模式的几个环节可以帮助教师更好地将三者有机融合到教学过程中，促进学生对科学本质的理解，发展科学探究素养。

---

① 王雅娇.高中生物学教学基于HPS培养学生科学思维的实践研究[D]:哈尔滨:哈尔滨师范大学,2021.

## （二）关注科学探究素养进阶，凸显探究实践

实验教学是生物学学科教学的重要组成部分，也是发展学生科学探究素养不可或缺的重要途径。验证性实验和探究性实验是高中生物学教科书中的两种主要实验类型。教科书编者几乎在每个重要概念对应的教学内容中都设计了一至数个实验活动，这些实验活动的教学，可以帮助学生建构概念、验证概念、理解概念、应用概念，也能提升学生的科学探究素养，实现概念和科学探究素养水平的双重进阶。

通过大量观察和研究教师的课堂教学，我们发现传统的实验活动教学通常包括三个流程：教师讲解实验目的、原理、操作流程及注意事项→学生分组按教科书中给定的实验步骤进行操作，并观察、记录实验结果→教师选择实验结果与预期效果吻合度高的小组进行展示、交流和总结。从科学探究维度来看，这种传统教学方式主要指向的是"实验方案实施"和"结果分析交流"维度，对于"问题与假设"和"实验方案设计"两个维度的关注不足，不能全面助力学生科学探究素养的发展。从科学探究素养水平看，这种教学方式基本可以达成学业质量水平的水平一和水平二的要求。但对于科学探究素养水平发展有更高需求的学生群体而言显然还是不够的。从教学效果来看，学生往往"兴致勃勃来""糊里糊涂过""空空如也走"，甚至有学生对是否做过实验都很茫然。基于上述问题，教师需要从科学探究素养维度和水平、教学内容、教学方式等方面对实验教学进行再思考，采用拓展实验教学、开展项目化学习、生物学实验信息化等策略来进一步提升学生的科学探究素养。

### 1. 以教科书实验为基础，拓宽实验教学

高中生物学教科书中所涉及的实验活动从编排上看，大多是在相关概念学习之后；从内容上看实验，活动基本包括原理和问题、目的要求、材料用具、方法步骤、讨论等环节，其意图是再现和验证教科书内容，旨在帮助学生进一步建构概念或解决问题。学生若按教科书预设的实验步骤来完成实验操作，缺乏探究的体验过程，不利于全面而有梯度地发展学生的科学探究素养。因此，教师需要根据具体学情，对实验活动进行适当拓展，以帮助学生发展更多维度、更高水平的科学探究素养。

在对实验活动进行教学拓展时，一方面教师应具有全局观，统筹考虑学生在整个高中生物学课程学习过程中的科学探究素养水平发展。需要注意的是，不一定每个实验活

动都要进行拓展，也不一定要求在每一个实验活动中都要实现四个维度的同步进阶，各个维度也不一定都要进阶至同一水平。另一方面教师应综合考虑学生的实际情况、实验活动的特点以及不同模块或单元的实验活动之间的相互联系，在某些维度上有所侧重，在发展水平上整体设计，实现科学探究素养水平的螺旋式上升。

实验活动的教学拓展也应当有一定的边界意识，教师要围绕重要概念展开教学，不能为了拓展而超出课程标准的内容要求。同一个实验内容针对不同学情的学生可以从不同维度、不同进阶水平进行拓展。例如，关于活动"观察植物细胞的质壁分离及质壁分离复原现象"，针对高一学考学生，教师可以侧重"实验方案实施"和"结果分析交流"维度的教学，其水平只需要达到二级水平即可。针对高二选考学生，教师则可以在"问题与假设""实验方案设计"维度进行拓展，引导学生对问题"植物细胞是一个渗透系统吗"做出假设，说出依据，并设计实验进行验证，这需要学生具备相关维度的二级、三级水平。针对高三选考学生，教师则可以引导学生根据所学知识，通过查找相关资料来确定相应研究的问题（如"探究某一盐碱地适合种植什么植物"），提出合理假设，并通过设计和实施实验方案来解决问题。这样的实验拓展涉及科学探究素养的四个维度，并需要学生有较高的素养水平才能完成。结合实际情况，教师也可以引入模拟实验的理念，指导学生完成相关实验。

另外，教师也可以从实验试剂、实验步骤、实验结果等角度做一些小的改变，引导学生进行差异性分析，以提高其科学探究素养水平。如在活动"检测生物组织中的糖类和蛋白质"中，学生经常会提出：能否用本尼迪特试剂鉴定蛋白质，用双缩脲试剂鉴定还原糖？面对这样的疑问，教师应该及时引导学生比较两类试剂及检测对象的差异性，预判实验成功的可能性等，并引导学生在不同检测试剂下开展平行对比实验。通过比较与分析，学生不仅对本实验的认识更深刻，对科学实验的探究也有了更深入的理解。

### 2. 以真实性问题为锚点，融入项目化学习

学科核心素养是学生应对未来多变环境所具备的解决复杂问题的综合品质，这种综合品质需要学生在持续地解决真实问题的过程中形成。"问题与假设"是科学探究素养中最关键的维度，而学生在实际课堂中往往提不出真实的、有价值的问题。"没有问题"的根源在于实践活动不足。围绕解决真实问题，教师要关注学生学习过程中的实践经历，积极创造条件，为学生提供可探究、可拓展的实践活动资源，并以此为素材，结合学生

已有的知识结构，凝练真实问题，以真实问题触发学生的深度学习。例如，在活动"探究酵母菌的呼吸方式"前，教师可以布置一个面包（馒头）制作的实践活动，并要求学生拍摄视频记录相关过程。有的学生在实践过程中发现"进行需氧呼吸＋厌氧呼吸的面团比只进行需氧呼吸的面团更蓬松，发酵效果更好"，结合学生实践过程的录像，教师引导学生对现象提出问题：怎么判断面团更蓬松、发酵效果更好（指向"结果分析交流"维度）？会出现这样结果的原因可能是什么（指向"问题与假设"维度）？如何通过实验来验证你的猜想（指向"实验方案设计"维度）？在馒头制作过程中，有哪些环节可能会影响发酵结果（指向"实验方案实施"维度）？在此基础上，学生再进行酵母菌呼吸方式的实验活动。这样的实践活动让教学更具情境化，让知识变得可触及，通过视频记录等手段让实践过程（学生的思维）可视化。实验活动探究的问题均来自学生实践活动的"真实问题"，其核心指向学科知识本质和科学探究素养的四个维度，学生的实验是在解决问题进而生成新的问题的过程中展开的，一方面激发了学生的学习动机，另一方面也有利于学生在建构概念的同时全面发展科学探究素养。

围绕解决真实问题，教师要让实践内容生活化。实验内容联系生活实际，学生能充分理解知识源自生活，也能激发学习动机。实践内容生活化可以是探究的问题来源于生活中的真实问题，可以是实验材料用具取材于日常生活，也可以是实验结果分析应用学生熟悉的软件工具。例如，关于活动"检测生物组织中的油脂、糖类和蛋白质"，教师可以让学生扮演食品检测员角色，对学校食堂的早餐成分进行检测。可探究的问题"无糖牛奶真的无糖吗""银耳汤中真的蛋白质含量丰富吗"等源自生活的困惑，实验材料可以是食堂的稀饭、豆浆、牛奶、馒头、银耳汤等，有条件的学校还可以用分光光度计对物质含量进行检测，并用熟悉的统计软件对实验结果进行分析处理。

项目化学习具有诸多优点。首先，项目化学习中的问题是来自真实情境的复杂问题，相比于教科书中实验目的明确的探究性实验，项目化学习中的探究性项目往往更复杂、更综合。因此，解决问题的方案是基于教科书知识但又跳出教科书框架的探究性方案。其次，在项目化学习中，学生会经历发现问题、解决问题、发现新问题的过程，从而在一次又一次的方案设计和修正中经历持续性和深层次的探索。再次，项目化学习以学生为中心，项目选择、活动的设计和实施均由学生来完成，学生能真正获得设计方案并参与完整探究过程的机会。

例如，在实践过程中，不同的小组在项目方案设计环节会提出不同的想法，这时教师可以引导学生开展组内自评和组间互评，分析各方案的优点和不足。教师也可以鼓励各小组选择不同的实验方案，在完成项目后再次进行自评和互评，通过逆向思维对实验方案进行修正或再设计，实现对实验方案设计素养的提升和进阶。

> **知识链接**
>
> **项目化学习**
>
> 项目化学习（PBL）最初起源于美国，是在真实问题情境下，让学生围绕一定的主题，在教师精心设计任务的基础上开展较长时间的开放性探究活动，最终实现核心知识建构和自身能力提升的教学模式[①]。
>
> 在项目化学习中，为了完成项目作品的制作及公开展示，学生在主动建构知识、创造性地解决问题的过程中不知不觉地对核心概念及原理形成深刻理解。项目化学习是一种能充分发展学生自主学习能力、培养创造性思维的教学方式。

### 3. 以现代信息技术为支撑，设计混合学习活动

生物学实验因受时间、空间、设备等条件限制，很多实践活动无法在高中课堂教学中完成。随着时代发展，信息技术与生物学教学的整合日益增多，生物学实验信息化是未来发展的必然趋势。

虚拟仿真实验为高中课堂教学开展探究实践活动拓宽了路径。虚拟仿真实验教学是"互联网+教育"之后的"智能+教育"，它将信息技术、智能技术与实验教学进行深度融合，引导学生进行探究式与个性化实验。虚拟仿真实验可以降低成本、避免危险、突破时空的限制，通过模拟特定的实验条件，使实验者获得现实实验中的体验。更重要的是，它为学生提供了一个自由设计、大胆试错的平台，让学生能对实验进行多维度设计，如自变量的改变和扩增，多种因变量的收集，实验材料、仪器的变动，实验步骤的调整，以及实验环境等无关变量的模拟。如此，它可以帮助学生掌握更多种自变量的操作办法，多因子变量实验的分组办法，总结出不同实验材料的优缺点，直观感受实验步骤设置对实验结果的影响。学生也能在多次探索和试错中，获得个体经验并逐渐摆脱他人的帮助，实现"实验方案设计"能力的进阶。

---

① 高艳君.基于项目式学习的高中生物单元教学模式研究[D].重庆：西南大学，2020.

信息技术在高中生物学实验中的应用不只虚拟仿真实验，还可以让定性实验定量化，获得更多维度的实验结果，为学生多角度多方式地记录实验结果、分析实验结果创造更多的条件。例如，关于传统实验装置与传感器联合使用，在活动"设计并制作生态瓶"中，使用溶解氧传感器和$CO_2$传感器，使得对"生态瓶稳定性的分析"有了更多维度的量化分析依据，而不仅仅停留在现象的观察层面。又如，在活动"观察人血液细胞图片"中，传统的实验结果仅停留在描述和区分白细胞与红细胞形态结构上的差异。若增加一些图像处理软件的使用，可以进行显微图像中细胞尺寸的测量、细胞计数，该实验就增加了不同种类血细胞的体积和数量占比等量化结果。

信息技术与生物学实验的整合应用还体现在实验结果的记录和数据的处理上。例如，调查类活动等具有大量数据，使用数据统计处理软件能让实验结果呈现和处理方式多样化，快速精准地进行误差分析、数据建模、分类讨论，帮助学生掌握用数字化工具记录实验结果和用数学方法分析实验结果的能力。

实验报告是常规的实验活动的成果展示形式。实验报告可以呈现学习团队的探究历程、活动成果和活动反思，实现学生和教师之间书面形式的学术交流。教师可以借助现代技术，创设更多元的成果展示活动，为学生提供与更多人分享和交流探究结果的机会。例如，教师可以通过网络平台将成果推向社会和媒体，展示给社会大众；也可以鼓励学生以学术论文或科研报告的方式发表或参与比赛，将成果进行专业化呈现，与专业人群展开学术交流。多元化展示的过程，不仅给予学生成就感和满足感，也促进了学生在"结果分析交流"维度上不断提升。

### 知识链接

#### 混合式学习[1]

混合式学习（Blending Learning）可以视为一种基于网络环境发展起来的"新兴"教学策略。这种策略通常以虚拟学习环境为基础，通过标准化学习系统为在线学习的内容传递提供支持，促进师生在线交流。

在虚拟学习环境的支持下，混合式学习形成三个方面的主要特征：学习资源提供的灵活性、为个别化学习提供支持以及提高学习效率。

---

[1] 黄荣怀，马丁，郑兰琴，等.基于混合式学习的课程设计理论[J].电化教育研究，2019（1）：9.

## 二、教学案例

为了更好地展示科学探究素养培育和进阶的策略,我们基于科学史教学和实验教学两大提升科学探究素养的途径,按照科学探究的"问题与假设""实验方案设计""实验方案实施""结果分析交流"四个维度以及每个维度不同进阶水平,精选了一些案例,并对其具体涉及的素养水平及使用的进阶策略进行了分析。为聚焦研究内容,我们仅从科学探究素养视角对这些案例展开分析。

### (一)"问题与假设"维度

提出问题并不等同于随意的发问,问题的提出是建立在对生命现象观察和分析的基础上的。同时,问题的解决往往意味着新问题的诞生。假设也不是胡乱的猜测,是有理有据地对生命现象做出尝试性解释。该维度的进阶水平差异主要体现在提出问题情境的复杂程度、做出假设的依据及其合理程度等。

#### 案例 1　细胞核控制细胞的遗传

**1. 教学目标**

观察伞藻切割、嫁接和核移植实验的结果,运用简单的科学论证的方法分析结果,基于结果提出新的生物学问题,并依据问题做出假设,提升提出问题与做出假设的科学探究素养。

**2. 任务**

探究细胞核的功能。

**3. 情境**

德国藻类学家黑默林以地中海伞藻、细圆齿伞藻为实验材料开展了切割、嫁接和核移植实验。

资料1:伞藻去帽实验,如图3-1所示。

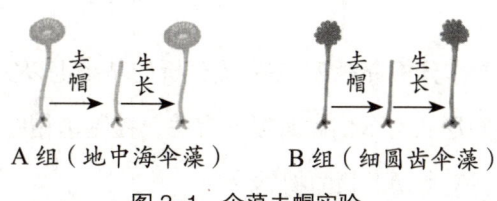

图3-1　伞藻去帽实验

资料2：伞帽、假根切割实验和假根嫁接实验，如图3-2所示。

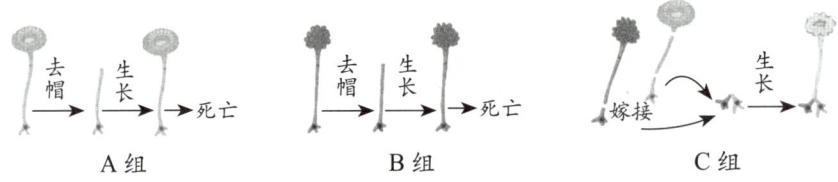

图3-2 伞藻切割及嫁接实验

资料3：伞藻嫁接实验与变形虫切割实验。

资料4：异种伞藻核移植实验，如图3-3所示。

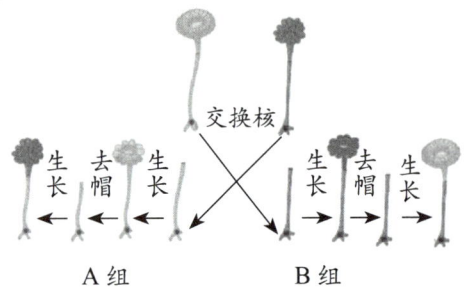

图3-3 异种伞藻核移植实验

### 4. 核心问题

伞藻与伞帽形状的控制中心是什么？

### 5. 活动

运用科学论证，分析伞藻切割、嫁接和核移植的科学史实验。

**教师提问**：分析伞藻切割、嫁接、核移植的科学史实验，各组实验的现象是什么？你们小组的主张或者观点是什么？你们的依据是什么？

教师引导学生以实验现象为证据，推理论证支持观点。在分析实验结果的基础上，学生提出感兴趣的生物学问题，并针对问题做出猜想和假设。

**学生活动1**：小组合作分析资料1，以实验现象为证据，推理论证支持观点：伞帽的形状与伞柄和假根有关；提出问题"伞藻细胞中控制伞帽形状的结构是什么"，在分析的基础上做出猜想。

**学生活动2**：小组合作分析资料2，在变量分析的基础上以实验现象为证据，推理论证形成小组观点：伞帽的形状与伞柄和假根均有关，控制伞帽的中心位于假根的可能性较大，伞柄中可能含有决定伞帽形状的物质。

**学生活动3**：小组合作分析资料3，通过科学论证得出伞帽的形状与假根有关的结论。进一步将问题确定为"假根中控制伞帽形状的结构是什么"，在对假根结构进行分析的基础上提出猜想。

**学生活动4**：小组合作分析资料4，利用科学论证的方法，有理有据地明确该实验的结论：伞帽的形状由细胞核决定。师生共同总结细胞核的功能。

### 6. 教学评价

在学生活动1和学生活动3中，学生能在教师的引导下提出问题"伞藻细胞中控制伞帽形状的结构是什么""假根中控制伞帽形状的结构是什么"，并根据问题在分析的基础上做出合理的假设，学生需要具备科学探究素养"问题与假设"维度的二级水平。

## 案例 2　基因伴随染色体传递

### 1. 教学目标

观察并分析摩尔根果蝇眼色杂交实验的结果，在教师的引导下提出新的生物学问题，根据问题及当时的果蝇性别决定理论做出合理的假设，并说明理由，提升提出问题与做出假设的科学探究素养。

### 2. 任务

探究摩尔根果蝇杂交实验。

### 3. 情境

1910年，摩尔根（T. Morgan）发现了一只突变型的白眼果蝇，他以该果蝇为材料进行了杂交实验，证明了遗传的染色体学说，揭开了遗传学的新篇章。

资料1：摩尔根将发现的白眼雄果蝇与野生的红眼雌果蝇交配，$F_1$中红眼果蝇1237只，白眼果蝇3只（摩尔根认为它们是进一步突变而形成的，故不在本实验中讨论），$F_1$雌雄果蝇相互交配，$F_2$中红眼雌果蝇2459只，红眼雄果蝇1011只，白眼雄果蝇782只。摩尔根认为白眼果蝇的成活率较低，因此$F_2$中白眼果蝇理论上应该占1/4。

资料2：当时科学家已经认识到了X染色体在性别决定中的作用，摩尔根根据自身关于蚜虫性别决定的研究并结合其他学者的研究成果，认为雌果蝇含2条X染色体，雄果蝇仅含1条X染色体。

资料3：摩尔根将$F_1$红眼雌果蝇与亲本白眼雄果蝇进行回交实验，子代中红眼雌果蝇129只，白眼雌果蝇88只，红眼雄果蝇132只，白眼雄果蝇86只。

### 4. 核心问题

果蝇眼色的遗传规律是什么？

### 5. 活动

运用假说-演绎法，探究果蝇眼色的遗传规律。

**教师提问**：分析资料1，基因分离定律是否适用于果蝇的眼色遗传？说明理由。观察分析$F_2$雌雄果蝇的眼色情况，提出感兴趣的、可探究的生物学问题。

**学生活动1**：独立分析$F_2$的表型比，确认基因分离定律适用于果蝇的眼色遗传，并判断显隐性。组内讨论交流后，提出感兴趣的问题，如：为什么果蝇的眼色变成白色？为什么白眼果蝇的存活率低？白眼是否只出现在雄果蝇中？在教师的引导下开展小组合作，运用科学论证的方法分析果蝇眼色杂交实验，并提出可探究的生物学问题：果蝇的眼色遗传与其性别相关联的原因是什么？

**教师提问**：根据资料2或所学遗传学知识，解释果蝇的眼色遗传与其性别相关联的原因，并说明依据。

**学生活动2**：组内、组间讨论交流，形成并修正假说。

假说1：白眼基因隐性纯合子在雌性中表现为红眼，在雄性中表现为白眼，且红眼杂合子致死。

假说2：眼色基因（W、w）与X染色体的遗传相偶联，其在雌性体内成对存在，而在雄性体内仅含其中之一。

假说3：眼色基因（W、w）位于X染色体上。

通过组间互评，假说1修正为"白眼基因隐性纯合子在雌性中表现为红眼，在雄性中表现为白眼，且红眼雄性2/3致死，红眼雌性1/2致死"。在分析资料3的基础上，否定假说1。

**学生活动3**：根据假说2和假说3设计杂交实验，验证假说，并且根据假说预测实验结果。对比预测结果与实验结果是否一致，修改完善假说，获得结论。

**教师点明**：仅根据摩尔根的果蝇眼色杂交实验只能确定眼色基因与X染色体的遗传相偶联，随后摩尔根获得了越来越多的证据，这些证据表明了眼色基因位于X染色体上。

#### 6. 教学评价

学生活动1中，学生在分析资料的基础上能提出问题"为什么果蝇的眼色变成白色""为什么白眼果蝇的存活率低""白眼是否只出现在雄果蝇中"，随后对这些问题的可探究性进行评价。学生在教师的引导下提出有价值的、可探究的问题，即"果蝇的眼色遗传与其性别相关联的原因是什么"。学生活动2中，依据问题、有关果蝇性别决定的资料和自身原有知识，学生能针对果蝇的眼色遗传与其性别相关联的生物学现象做出尝试性的解释，并说出依据。在分析摩尔根 $F_1$ 雌蝇回交实验的基础上能评价假说的合理性。完成上述活动，学生需要具备科学探究素养"问题与假设"维度的三级水平。

【案例分析】

（1）科学探究素养进阶水平分析。

案例1指向"问题与假设"维度的二级水平。以伞藻的切割、嫁接和核移植的科学史实验为素材，学生运用科学论证分析实验结果，在教师的引导下提出新的问题，并根据问题做出假设。虽然科学论证分析实验结果的过程占了较大篇幅，但这是为了学生能思考并提出新的问题。问题是科学探究的起点，问题的发现和提出是基于一定的情境。案例1中通过伞藻相关的系列实验，教师引导学生思考实验的结果与终极目标——核心问题"伞帽形状的控制中心是什么"的差距，一步步将控制中心的质疑范围缩小，在此过程中学生提出新的疑问，并做出合理的解释。

案例2指向"问题与假设"维度的三级水平。以摩尔根当时的研究背景、果蝇眼色杂交科学史实验为素材，学生在观察和分析 $F_2$ 表型的基础上提出问题，在教师的引导下分析问题的可探究性，最终确定可探究的生物学问题。假设并不是随意的猜测，而是一个有理有据的说理过程，并且要寻找证据对假设的合理性进行评估。学生根据可探究的问题，以及当时对果蝇性别决定的认识和自身原有的知识与经验，对果蝇的眼色遗传与其性别相关联的生命活动现象做出尝试性的解释，并对其合理性展开评估。

（2）科学探究素养进阶策略分析。

从案例1到案例2实现了"问题与假设"维度水平二到水平三的进阶，主要通过以下几个方面来实现：

首先，从科学史情境角度分析。案例1的伞藻切割、嫁接和核移植实验的科学史情境相对简单，因此学生提出的问题较为集中，不容易出现不可探究的问题。案例2的果蝇眼色杂交实验的科学史情境相对复杂,学生容易提出超出现阶段探究能力范围的问题,如"为什么果蝇的眼色变成白色""为什么白眼果蝇的存活率低"等问题,以及不能反映生命活动本质的、探究价值不大的问题,如"白眼是否只出现在雄果蝇中"。因此,教师有必要引导学生提出有价值的、可探究的生物学问题。如果在案例2中教师起初就层层引导学生发现果蝇的眼色遗传与性别相关联,学生能直接提出问题"果蝇的眼色遗传与其性别相关联的原因是什么",则该活动指向"问题与假设"维度的二级水平。

其次,从科学论证的角度分析。问题的提出基于对生命现象的观察和分析。案例1中问题的提出是建立在学生运用科学论证的方法,利用变量分析的方法对伞藻切割、嫁接和核移植实验进行分析的基础上的。案例2中问题的提出则需要学生运用科学论证的方法,并通过数理统计对$F_2$的表型进行分析。后者涉及学科之间的融合,相对比较复杂,对学生的能力要求相对较高。

最后,从学生经验的角度分析。案例1的假设是建立在分析已切除伞帽的伞藻结构和假根的组成部分的基础上的,做出假设相对比较容易,且以学生现有的知识和经验很难判断其合理性,如假设"伞帽形状与假根的细胞质有关"和"伞帽形状与假根的细胞核有关"。案例2假设的理论基础比较复杂,有当时摩尔根关于果蝇性别决定的认识和学生自身原有的知识和经验,后者如表型是基因型与环境条件共同作用的结果、某些基因型的个体存在致死现象。因此,学生可以以这些理论基础和相关的逻辑推理为假设提供依据。学生做出的假设非常复杂和多样,基于其他实验证据和逻辑推理,假设的合理性就有展开评估的可能性。当然,如果教师开始时就引导学生关注果蝇的性别决定类型,学生可能立即会做出合理的假设,也就无须对假设的合理性展开讨论,则该活动指向"问题与假设"维度的二级水平。

## (二)"实验方案设计"维度

实验方案设计离不开材料、方法的选择,变量的确定与分析,对变量下操作性定义,并最终制订实验方案。该维度的进阶水平差异主要体现在是否独立完成材料的选择和变量的分析,能否对变量下操作性定义等。

## 案例 1  肺炎链球菌的遗传物质是DNA

### 1. 教学目标

通过分析活体和离体肺炎链球菌转化实验，识别自变量、无关变量、因变量，体会设计实验方案时如何控制各种变量，提升实验方案设计的科学探究素养。

### 2. 任务

探究肺炎链球菌遗传物质的化学本质。

### 3. 情境

1913 年前后，科学家已经鉴定出 S 型和 R 型肺炎链球菌各有四种类型，分别为Ⅰ、Ⅱ、Ⅲ、Ⅳ，同类型的 S 型菌和 R 型菌之间可以相互转化。格里菲思意外发现某类型的 R 型菌转化成了其他类型的 S 型菌。为研究其原因，格里菲思、艾弗里（O. Avery）等科学家设计并实施了系列实验。

资料1：格里菲思将活的Ⅰ型S型菌、活的Ⅱ型R型菌、加热杀死的Ⅰ型S型菌、后两者的混合物分别注射到小鼠体内，一段时间后观察小鼠的存活情况，并从小鼠体内分离、鉴定细菌。实验结果见表 3-1。

表 3-1  格里菲思实验结果 1

| 组别 | 注射组分 1 | 注射组分 2 | 小鼠存活情况 | 从小鼠体内获取的细菌 |
|---|---|---|---|---|
| 1 | Ⅰ型 S 型菌 | 无 | 死亡 | Ⅰ型 S 型菌 |
| 2 | 无 | Ⅱ型 R 型菌 | 存活 | 无 |
| 3 | 加热杀死的Ⅰ型 S 型菌 | 无 | 存活 | 无 |
| 4 | 加热杀死的Ⅰ型 S 型菌 | Ⅱ型 R 型菌 | 死亡 | Ⅰ型 S 型菌 |

资料2：格里菲思以Ⅱ型S型菌、Ⅲ型S型菌、Ⅰ型R型菌、Ⅱ型R型菌为实验材料重复了上述实验。实验分组及实验结果见表 3-2。

表 3-2　格里菲思实验结果 2

| 组别 | 注射组分 1 | 注射组分 2 | 小鼠存活情况 | 从小鼠体内获取的细菌 |
|---|---|---|---|---|
| 1 | Ⅱ型 S 型菌 | 无 | 死亡 | Ⅱ型 S 型菌 |
| 2 | 无 | Ⅰ型 R 型菌 | 存活 | 无 |
| 3 | 加热杀死的Ⅱ型 S 型菌 | 无 | 存活 | 无 |
| 4 | 加热杀死的Ⅱ型 S 型菌 | Ⅰ型 R 型菌 | 死亡 | Ⅱ型 S 型菌 |
| 5 | Ⅲ型 S 型菌 | 无 | 死亡 | Ⅲ型 S 型菌 |
| 6 | 加热杀死的Ⅲ型 S 型菌 | 无 | 存活 | 无 |
| 7 | 加热杀死的Ⅲ型 S 型菌 | Ⅰ型 R 型菌 | 死亡 | Ⅱ型 S 型菌 |
| 8 | 加热杀死的Ⅲ型 S 型菌 | Ⅱ型 R 型菌 | 死亡 | Ⅲ型 S 型菌 |

资料 3：艾弗里以 R36A 型和 S 型两种肺炎链球菌为实验材料开展研究。R36A 型菌已完全不具备产生荚膜的能力，且无法自发恢复为 S 型菌。加热杀死的 S 型菌的粗提液具有将 R36A 型菌转化为 S 型菌的能力。实验方案：①用乙醇对加热杀死的 S 型菌进行粗提取，大部分 RNA 在这一步被清洗；②用氯仿去除提取液中的蛋白质；③用酶解法去除提取液中的荚膜；④用乙醇不断提纯，得到终提取液；⑤分别检测以上四步提取液及加热杀死的 S 型菌的粗提液的转化效率。实验结果：均有较高的转换效率。

资料 4：为了确定转化因子的成分，艾弗里创造性地分析了终提取液的元素组成，并与 DNA 的理论元素组成进行对比。实验结果见表 3-3。

表 3-3　含转化因子的终提取液中各元素比例

| 比较项目 | 比例 /% | | | | |
|---|---|---|---|---|---|
| | 碳 | 氢 | 氮 | 磷 | 氮磷比 |
| 终提取液 1 | 34.27 | 3.89 | 14.21 | 8.57 | 1.66 |
| 终提取液 2 | — | — | 15.93 | 9.09 | 1.75 |
| 终提取液 3 | 35.50 | 3.76 | 15.36 | 9.04 | 1.69 |
| 终提取液 4 | — | — | 13.40 | 8.45 | 1.58 |
| DNA | 34.20 | 3.21 | 15.32 | 9.05 | 1.69 |

资料 5：艾弗里分别用胰蛋白酶、糜蛋白酶、胰蛋白酶和糜蛋白酶的混合物、RNA

酶处理 S 型菌提取液，检测处理后提取液的转化效率。实验结果：均有较高的转化效率。

资料 6：艾弗里测试了从多种动物中获得的血清和粗酶制剂对 S 型菌提取液转化活性的影响。实验结果见表 3-4。

表 3-4　血清和粗酶制剂对 S 型菌提取液转化活性的影响

| 血清或粗酶制剂来源 | 活性 | | | |
| --- | --- | --- | --- | --- |
| | 磷酸酶 | 三丁酸甘油酯酶 | DNA 酶 | 转化因子 |
| 狗肠道黏膜 | ＋ | ＋ | ＋ | － |
| 兔骨 | ＋ | ＋ | － | ＋ |
| 猪肾脏 | ＋ | － | － | ＋ |
| 肺炎链球菌自溶物 | － | ＋ | ＋ | － |
| 正常狗的血液 | ＋ | ＋ | ＋ | － |
| 正常兔的血液 | ＋ | ＋ | ＋ | － |

注：表中"＋""－"分别表示具有和不具有。

### 4. 核心问题

促使 R 型菌转化为其他类型 S 型菌的物质是什么？

### 5. 活动

分析肺炎链球菌转化实验，归纳自变量的控制方法。

**教师提问**：分析资料 1，寻找实验的自变量、因变量、观测指标，并得出实验结论。

**学生活动 1**：小组合作讨论，分析比较不同组别，确定自变量，并明确其他变量。基于变量分析得出实验结论，即死亡的 S 型细菌中存在转化因子，能使 R 型活菌转化为其他类型的 S 型活菌。

**教师提问**：分析资料 2，判断资料 1 的结论是否正确，说明理由，并寻找实验的无关变量。

**学生活动 2**：小组合作，基于变量分析，确定上述结论的正确性，并说出若干无关变量。

**教师提问**：分析资料 3、5，寻找自变量，确定实验结论，并思考该实验如何控制自变量。

**学生活动 3**：根据单一变量原则，独立寻找形成对照的组别，识别各组的自变量。在变量分析的基础上，得出实验结论。小组合作，思考该实验的自变量是如何控制的，最终共同总结归纳控制自变量的策略——减法。

**学生活动4：** 分析资料4，对比终提取液和DNA的元素组成，基本确定转化因子是DNA。

**学生活动5：** 独立分析资料5，识别自变量，指出自变量的控制方法，并得出实验结论：促使R型菌转化为其他类型S型菌的转化因子不是蛋白质。

**教师提问：** 分析资料6，寻找自变量，得出实验结论。

**学生活动6：** 根据单一变量原则，独立寻找各组中可形成对照的组别，识别自变量。基于自变量分析实验结果，最终得出结论：促使R型菌转化为其他类型S型菌的转化因子确实是DNA。

**教师点明：** 设计实验时控制自变量的方法——加法和减法。

### 6. 教学评价

分析资料1、2时，学生与同伴讨论，能根据活体肺炎链球菌转化实验方案说出自变量、因变量、无关变量，学生需要具备科学探究素养"实验方案设计"维度的一级水平。分析资料3、5、6时，学生能独立完成离体细菌转化实验的自变量分析，学生需要具备科学探究素养"实验方案设计"维度的一级水平。

## 案例 2  碳反应将二氧化碳还原成三碳酸

### 1. 教学目标

通过分析卡尔文团队的实验思路，说出实验的自变量、因变量和无关变量；小组合作学习，对自变量和因变量下操作性定义，提升实验方案设计的科学探究素养。

### 2. 任务

寻找碳反应的中间产物。

### 3. 情境

科学家意识到碳反应并不是简单地直接将6个$CO_2$分子连接成糖的过程。卡尔文（M. Calvin）等以单细胞的小球藻为实验材料，探究碳反应出现的中间产物，并推测其出现的先后顺序，构建了完整的碳反应模型。

卡尔文团队用放射性同位素$^{14}C$标记的$CO_2$处理小球藻，并控制小球藻光合作用的时间,使碳反应的中间产物和终产物依次被 $^{14}C$ 标记。随后,用相关的方法分离、鉴定这些中间产物,并确定其被 $^{14}C$ 标记的先后顺序,从而推测碳反应过程中的具体代谢过程。

### 4. 核心问题

如何确定碳反应中间产物的种类及其出现的先后顺序?

### 5. 活动

确定实验变量,并对自变量和因变量下操作性定义。

**教师提问**:分析资料,找出该实验的自变量、因变量、无关变量,并说明依据。

**学生活动1**:独立分析,确定该实验的自变量是小球藻光合作用的时间,因变量是碳反应的中间产物和产物被 $^{14}C$ 标记的种类情况,指出该实验的若干无关变量。

**教师提问**:如何对实验中的自变量下操作性定义?

**学生活动2**:独立分析,提出可通过控制光照时间来对自变量下操作性定义,并说明理由,即光照时间长短影响光合作用时间长短,最终改变被 $^{14}C$ 标记的碳反应相关的化合物种类数。通过生生质疑,意识到暗处理时碳反应还会继续进行一段时间,或者碳反应的中间产物可能会转变为其他种类的有机物。随后达成一致观点,不仅要在相应的时间后停止光合作用,且要使小球藻停止一切代谢,也就是将小球藻杀死。在教师的引导下,讨论控制小球藻进行光合作用多少时间合适,指出需要使时间间隔尽量短一些,使每次取样仅仅多了一种中间产物被 $^{14}C$ 标记。

**教师点明**:卡尔文当时采用的方法是将小球藻悬浮液置于煮沸的无水乙醇中将其杀死。科学家在实际操作过程中需要进行大量的预实验来摸索实验的具体条件。

**教师提问**:如何对该实验因变量下操作性定义,使其可观察、可检测。

**学生活动3**:独立思考,提出需要将碳反应的各中间产物进行分离,鉴定具有放射性的中间产物的种类。在教师提示下,提出利用纸层析法将光合作用的中间产物彼此分离,并对分离后的每一条带对应的物质进行鉴定。在教师引导下,回忆纸层析法的原理,并意识到碳反应的中间产物种类繁多,有些中间产物在某种层析液中的溶解度基本相同而无法分离。在组内进行充分交流,并提出在一次层析的基础上,把各条带的物质分离下来,换一种层析液进行二次层析。

**教师点明**:介绍卡尔文团队的解决方案——双向纸层析:在滤纸的某一角处点样,进行第一次层析分离后,将滤纸旋转 90° 并在另一种层析液中进行第二次层析。介绍卡尔文团队如何通过双向纸层析分离、鉴定获得的中间产物的种类，即将滤纸条各斑点上的化合物洗脱，随后通过测定流动相和固定相中分配系数，测定从离子交换柱上洗脱的洗脱峰等特征，并与已知成分的化合物的分配系数和洗脱峰等进行对比，确定各斑点中待测化合物的成分。

**学生活动4**：运用科学论证的方法，以卡尔文团队的实验结果为证据，推测碳反应产生的第一个中间产物是3-磷酸甘油酸。

### 6. 教学评价

在学生活动1中，学生能独立分析卡尔文团队的实验思路，说出自变量、因变量、无关变量，学生需要具备科学探究素养"实验方案设计"维度的一级水平。在学生活动2、3中，学生能根据教师的引导和提示充分分析思考，学生之间互评，对自变量和因变量下操作性定义，学生需要具备科学探究素养"实验方案设计"维度的三级水平。

## 案例3　探究光强度对光合速率的影响

### 1. 教学目标

小组讨论，分析实验的变量。在教师的引导下，选择实验材料，并通过模仿确定实验步骤，提升实验方案设计的科学探究素养。

### 2. 任务

设计"探究光强度对光合速率的影响"的实验方案。

### 3. 情境

播放水稻生长的相关视频。

### 4. 核心问题

如何控制光强度？如何测定光合速率？

### 5. 活动

选择自变量控制和因变量检测的方法，通过模仿设计实验方案。

**教师提问**：影响水稻光合速率的环境因素有哪些？这些因素是如何影响光合速率的？

**学生活动1**：讨论并总结影响光合速率的因素，确定研究的因素——光强度，并就光强度对光合速率的影响做出合理的假设。

**教师提问**：本实验的自变量、因变量是什么？能否说出至少 3 项无关变量？光强度是一种比较抽象的物理概念，如何转化为可具体表征、测量的指征？光源有白炽灯和 LED 冷光源，选择哪种更有优势？如何界定光合速率的快慢？如何测定光合速率？

**学生活动 2**：小组合作讨论，分析本实验的自变量、因变量，列举本实验中的无关变量。

**学生活动 3**：小组合作，设计控制光强度的操作方案，并针对光源的选择、光合速率快慢的界定标准以及光合速率测定的具体方法和所需工具等重点问题展开讨论交流。

**学生活动 4**：小组讨论，模仿教师提供的"探究 $CO_2$ 浓度对光合速率影响"的实验步骤，撰写探究光强度对光合速率影响的实验步骤。组间展示交流，对无关变量的控制、对照设置的合理性以及实验结果记录表设计的完整性等方面进行生生互评，提出意见与建议，并根据交流结果对实验步骤进行改进优化，然后按照实验步骤实施方案。

### 6. 教学评价

在学生活动 2 中，学生能够通过与同伴讨论，说出实验的自变量是光强度，因变量是光合速率，并能列举 3 项及以上的无关变量。在学生活动 3 中，学生能够在教师的引导下选择合适的实验材料和工具。在学生活动 4 中，学生在与同伴讨论的基础上能够通过模仿确定实验步骤。学生需要具备科学探究素养"实验方案设计"维度的二级水平。

## 案例 4　探究光强度对光合速率的影响

### 1. 教学目标

独立进行实验变量分析和下操作性定义，并在此基础上经小组讨论选择实验材料，设计实验方案；通过对课前实验的操作过程和结果进行讨论和评价，反思本组实验方案存在的不足，并进行改进完善，提升实验方案设计的科学探究素养。

### 2. 任务

"探究光强度对光合速率的影响"实验方案的设计与改进。

### 3. 情境

播放"超级杂交水稻是中国农业农村部超级杂交水稻培育计划的成果"的相关视频。

### 4. 核心问题

如何控制光强度？如何测定光合速率？

### 5. 活动

为自变量和因变量下操作性定义，设计并完善实验方案。

**教师提问**：如何从光合速率角度来提高杂交水稻的产量？影响光合速率的环境因素有哪些？

**学生活动1**：列出影响光合速率的各种环境因素，讨论后选定研究的因素——光强度，并就光强度对光合速率的影响做出合理的假设。

**教师提问**：本实验的自变量、因变量是什么？无关变量有哪些？你的判断依据是什么？你能准确表述光强度的科学概念吗？科学概念在实验室中可以直接进行操作吗？如何给自变量和因变量下操作性定义？如何在此基础上设计实验方案？

**学生活动2**：独立思考，说出实验的自变量、因变量，列举本实验中的无关变量，并指出无关变量控制的意义。

**学生活动3**：讨论分析，初步说出光强度的科学概念。独立思考，设计各种控制光强度的方法以及光合速率的测定方法。基于上述分析，小组合作讨论，设计实验的材料、装置、实验步骤以及记录实验结果的表格等，并撰写书面的实验方案。然后，组间展示交流，提出意见与建议。

**播放视频**：在教师有保留的"指导"下，展示兴趣小组提前完成的课前实验过程与结果。

**教师提问**：实验方案是否还有值得进一步改进的地方？

**学生活动4**：观看视频。兴趣小组派代表上台汇报实验过程、实验结果与结论，并现场搭建实验装置。其他学生就实验材料的适切性、实验方案的可行性、实验过程的严谨性和实验结果的科学性进行质疑和讨论，并提出建议。然后，结合分析与讨论结果，对自己之前设计的实验方案进行有针对性地改进与完善，形成最终的实验方案，并于课后利用开放实验室实施完成。

### 6. 教学评价

在学生活动2中，学生能够独立准确地说出实验的自变量是光强度，因变量是光合速率，并能列举3项及以上的无关变量。在学生活动3中，学生能够根据教师的提示，科学地为实验的自变量、因变量下操作性定义，能够与同伴讨论并选择合适的实验材料与工具完成实验步骤的设计。在学生活动 4 中，学生能够对兴趣小组的实验方案提出至少 1 项合理的质疑并给出具有可行性的建议，能够结合讨论结果对本组实验方案进行合理地改进与完善。学生需要具备科学探究素养"实验方案设计"维度的三级水平。

**【案例分析】**

（1）科学探究素养进阶水平分析。

上述 4 个案例均指向科学探究素养的"实验方案设计"维度，其中案例 1、2 是科学史教学，案例 3、4 是实验教学。

①科学史教学案例分析。

案例 1 指向"实验方案设计"维度的一级水平。教师以活体和离体肺炎链球菌转化的系列科学史实验为素材，引导学生分析实验方案并说出实验的自变量、因变量和无关变量。虽然此时学生已经完成了《分子与细胞》模块的学习，但是独立从真实的、复杂的科学史情境中去识别变量，仍然能够很好地培养和提升其科学探究和科学思维素养。该案例的教学目标并不是简单地识别变量，而是在此基础上，总结归纳设置自变量的方法——加法和减法，以期提升学生实验方案设计的能力和丰富学生处理自变量的手段。

案例 2 指向"实验方案设计"维度的三级水平。教师以卡尔文团队构建碳反应过程模型的部分科学史实验为素材，引导学生分析相关的研究思路，归纳出自变量、因变量、无关变量，并对变量下操作性定义，使其具有可操作性、可观察性和可测量性。这也是提升学生"实验方案设计"维度的科学探究素养的一个重要方面。学生尝试对该实验的自变量下操作性定义，在同伴的质疑下，逐渐修改完善。在教师的引导下，学生逐步尝试对因变量下一定范围的操作性定义，即如何分离各种碳反应的中间产物。

②实验教学案例分析。

"探究环境因素对光合作用的影响"是教科书中一项开放度较大的探究性实验活动，是培养学生科学思维和科学探究素养的好素材。教科书中没有给出明确的探究问题，也没有现成的实验方案可供参考。本实验的教学围绕科学探究的四个维度均可展开，但由于教学时间有限，因此在课堂上只能侧重某些维度开展活动，本案例主要侧重"实验方案设计"维度。其中案例 3 指向二级水平，适用的对象是参加学考的学生，要求相对较低。案例 4 指向三级水平，适用的对象是参加选考的学生，要求较高。

（2）科学探究素养进阶策略分析。

①科学史教学案例分析。

从案例1到案例2实现了"实验方案设计"维度水平一到水平三的进阶，主要通过以下几个方面实现：

首先，从科学史素材选择的角度分析。教师根据教学目标选择符合要求的科学史素材，需要选择具有对照的科学史实验，并不是所有的科学史实验都是具有对照的，如孟德尔的豌豆杂交实验、摩尔根的果蝇杂交实验等。根据案例1的教学目标，教师需要选择对自变量做加法和做减法的科学史实验。因此，教师选择了格里菲思和艾弗里的肺炎链球菌转化实验。前者通过加法设置自变量，后者通过减法设置自变量。根据案例2的教学目标，在对变量下操作性定义时，最好有不同的方法与策略，从而进一步讨论每种策略的优缺点，择优选用。如果这样的科学史实验能够让学生亲自动手实施则更佳，因为学生可进一步讨论并解决在实施实验过程中对变量下操作性定义遇到的一系列实际问题，这种经历也必将极大地提升"实验方案设计"维度的科学探究素养。案例2中，教师选择了卡尔文团队构建碳反应的部分科学史实验。在分析出自变量为光合作用时间的基础上，可采用不同的方法对自变量下操作性定义，如通过控制光照时长或者控制光照时长并将小球藻迅速杀死。这样的科学史素材为学生充分讨论如何对变量下操作性定义提供了空间。当然，如果教师仅要求学生分析卡尔文所研究的问题，找出自变量、因变量和无关变量，则该活动指向"实验方案设计"维度的二级水平。

其次，从科学史素材利用的角度分析。科学史实验大多涉及对变量下操作性定义。这些实验是由当时顶尖的科学家设计并实施的，因此教师要考虑学生是否具备相应的能力。案例1中，在当时的条件下艾弗里采用减法对自变量下操作性定义是具有创造性的，学生尚不具备这样的能力和经验，因而该科学史实验不适合用来开展对自变量下操作性定义的活动。总结归纳自变量设置的方法，则更有利于提高学生"实验方案设计"维度的科学探究素养。学生学习完《分子与细胞》模块，已经具备一定的归纳与概括能力，可总结出相关实验的自变量设置策略。在案例2中，学生已经了解到碳反应在无光照条件下仍可持续一段时间，了解并实施了纸层析法分离光合色素的实验。因此，学生具有对光合作用时间和分离被 $^{14}C$ 标记的碳反应中间产物下操作性定义的经验和能力。

②实验教学案例分析。

从案例 3 到案例 4 实现了水平二到水平三的进阶，主要是通过以下方式达成的：

首先，在"分析变量"方面，两个案例中教师都要求学生基于假设说出实验的自变量、因变量，并列举无关变量。但不同之处在于：案例 3 中学生是通过与同伴讨论进行变量分析，而案例 4 中学生是通过独立思考进行分析。此外，案例 3 中仅要求学生能够说出 3 项无关变量即可，案例 4 中则在此基础上还需要说明依据。在实验方案设计过程中，确定自变量和因变量往往并不难，难的是如何让自变量和因变量具有可观察性、可测量性和可操作性。在为自变量和因变量下操作性定义这一关键环节中，案例 3 采用的是教师引导和学生小组讨论的方式展开活动，而案例 4 中学生主要靠独立思考进行分析。从整体而言，案例 4 中对学生"实验方案设计"水平的要求明显高于案例 3。

其次，在"材料选择"方面，案例 3 中，教师不仅给予了一定的提示和引导，还提供了可供选择的对象。比如，在光源的选择上教师提供了白炽灯和 LED 冷光源，在光合速率测定工具的选择上教师介绍了 $O_2$ 传感器和 $CO_2$ 传感器的工作原理等。学生只需要在给定的范围内通过比较、分析，选择合适的材料即可，相对比较容易。案例 4 中，教师并未给出明确的提示和选择对象，学生需与同伴讨论，基于实验的需要自主选择合适的实验材料，这样的设计开放性更强，对学生"实验方案设计"水平的要求自然也更高一些。

最后，在"确定步骤"方面，案例 3 中，教师首先为学生提供了可供参考的案例"探究 $CO_2$ 浓度对光合速率影响"，学生通过小组讨论，模仿案例中的实验步骤来确定本实验的操作步骤，再经过教师提示、生生交流进行改进。案例 4 中，学生则没有可模仿的案例，需要自主完成探究实验步骤的设计，难度更高。也正因如此，设计出的实验步骤可能存在的缺陷更多。案例 4 中教师引导学生评价和分析兴趣小组的预实验，参与解决课堂中不断衍生出的问题，发现原实验方案中的缺陷，逐步找到解决这些问题的方法，完善实验设计，进而帮助学生掌握实验设计的基本原则和一般方法，从而达成"实验方案设计"水平进阶的目标。

值得注意的是，案例 4 引入了项目化学习理念。在实践过程中，不同小组在项目方案设计环节会提出不同的方案，教师引导组员们进行组内自评和组间互评，分析各方案的优点和不足。在完成项目后再次自评和互评，通过逆向思维对实验方案进行修正或再设计，实现了对实验方案设计素养的提升和进阶。这样的训练对提升学生的科学探究素养是极其有利的。

## (三)"实验方案实施"维度

实验方案实施是实验活动的实操环节。实验方案的顺利实施,需要实验者掌握相关实验工具的使用方法,具备实验操作的相关技能,此外还离不开各组员之间的协调与配合。"实验方案实施"维度进阶水平差异主要体现在实验工具的复杂程度和使用熟练程度,实验技能的难易程度和实验操作的自主程度,以及合作探究中的主动程度等。

### 案例 1  检测生物组织中的油脂、糖类和蛋白质

#### 1. 教学目标

通过小组分工合作,完成各类生物组织中油脂、糖类和蛋白质检测的实验操作,掌握光学显微镜、水浴锅等实验工具的使用方法,学会徒手切片、制作临时装片等实验技术,提升实验方案实施的科学探究素养。

#### 2. 任务

检测生物组织中的油脂、糖类和蛋白质。

#### 3. 情境

展示花生、蚕豆、菜豆、鸡蛋、马铃薯、梨和牛奶等常见食物的图片。

#### 4. 核心问题

如何检测食物中的营养成分?

#### 5. 活动

观看实验视频,依照实验方案检测教师提供的食物中的油脂、糖类和蛋白质。

**教师提问**:你早餐吃了哪些食物?这些食物含有哪些成分?如何证明你的推测?

**学生活动 1**:回答问题,初步提出假设,然后自主阅读教科书中关于油脂、糖类和蛋白质的检测方法,形成实验方案。

**播放视频**:葵花籽子叶临时装片的制作及油脂检测过程。

**学生活动 2**:分组进行实验探究,组长根据实验需要进行任务分工,分别以花生种子、菜豆种子和蚕豆种子等植物组织为实验对象,实施实验方案。在实验过程中,学生按照任务分工独立进行相关操作,并在组员遇到困难时及时给予帮助。

各组代表利用数码显微镜展示实验结果，交流评价，在此基础上尝试改进实验方法，并利用此方法对其他感兴趣的实验材料进行油脂检测。

**播放视频：**用指示剂分别检测蛋白质溶液、淀粉溶液和葡萄糖溶液的实验过程。

**学生活动 3：**分组进行实验探究，组长根据实验需要进行任务分工，按照实验步骤依次对稀释蛋清液、马铃薯匀浆、梨汁以及教师提前准备的其他学生感兴趣的实验材料进行蛋白质、淀粉和还原糖的检测，并如实记录实验结果。在实验过程中，学生相互帮助、指导，并针对同伴的操作进行评价。

各组代表展示实验结果，生生互动，交流评价，在此基础上针对出现的异常实验结果作进一步的实验探究。

### 6. 教学评价

在学生活动 2 和学生活动 3 中，学生能够知晓光学显微镜和水浴锅的工作原理，独立完成光学显微镜的调节与观察，以及水浴锅的温度设定、预热和水位调节等操作，能够独立且规范地完成徒手切片、临时装片制作以及各类指示剂的使用等，并在完成分配任务的同时能够在组员遇到困难时主动提供帮助。学生需要具备科学探究素养"实验方案实施"维度的二级水平。

## 案例 2　验证细胞的全能性——铁皮石斛的组织培养

### 1. 教学目标

通过小组合作进行铁皮石斛组织培养，并观察、比较愈伤组织细胞与成熟植物细胞在形态结构上的差别，理解愈伤组织细胞全能性表达能力强的原因。掌握高压蒸汽灭菌锅、超净工作台和光照培养箱等实验工具的使用方法，学会培养基配制、外植体消毒和无菌接种等实验技术，提升实验方案实施的科学探究素养。

### 2. 任务

实施"铁皮石斛的组织培养"实验方案，验证植物细胞的全能性。

### 3. 情境

播放"铁皮石斛简介"的相关视频。

### 4. 核心问题

高度分化的铁皮石斛细胞如何表达全能性？

### 5. 活动

实施实验方案，并利用评价量规表对实验过程进行评价。

**教师提问**：大量繁殖铁皮石斛的技术、原理以及这种技术的优势分别是什么？细胞全能性的定义是什么？高度分化的植物细胞为什么仍然具有全能性？

**呈现资料**："铁皮石斛的组织培养研究"等科技文献。

**学生活动1**：观看视频，讨论并回答问题。结合文献材料，明确铁皮石斛实现全能性的培养条件与发育途径，确定铁皮石斛组织培养的方案。

**学生活动2**：两人一组合作开展实验。对实验试剂及器材进行高压蒸汽灭菌，在超净工作台内进行培养基配制、外植体消毒、无菌接种等实验操作。外植体在MS培养基和分化培养基上进行脱分化→愈伤组织→再分化→胚状体或丛芽的实验。其间，使用光学显微镜观察愈伤组织的细胞结构，结果如图3-4所示。并比较愈伤组织细胞和外植体中成熟细胞的结构，讨论愈伤组织细胞更容易表达全能性的原因。

 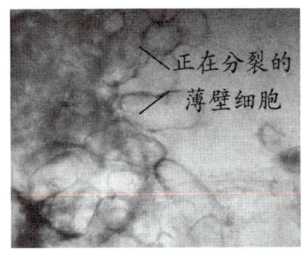 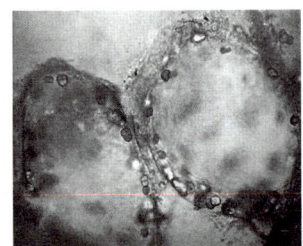

A. 愈伤组织外观　　B. 显微观察愈伤组织细胞　　C. 显微观察开始分化的愈伤组织细胞

图3-4　铁皮石斛愈伤组织

**学生活动3**：运用实验量规对实验过程进行记录与评价。两人一组合作，一人操作实验，一人用iPad拍摄实验过程，之后两人观看实验记录视频，操作量规进行自评、互评。两人轮换进行实验操作、视频拍摄和评价分析。结合实验结果，小组互助完成过程性评价和结果性评价。实验评价量规表如表3-5所示。

### 表 3-5 "验证细胞的全能性——铁皮石斛的组织培养"实验量规评价表

实验人员：_____　　　互评人员：_____
班　　级：_____　　　实验日期：_____

| 课前准备 | 翻转课堂：认真观看生物学实验微课堂"铁皮石斛的组织培养" | | | | | | |
| --- | --- | --- | --- | --- | --- | --- | --- |
| | 预习实验量规，熟悉实验操作 | | | | | | |
| 实验环境 | 在超净工作台内的酒精灯火焰旁操作 | | | | | | |
| 操作步骤 | 超净工作台消毒 | 取材 | 接种MS培养基 | 培养 | 显微观察愈伤组织 | 转入分化培养基 | 培养 |
| 实验规范 | a.打开紫外灯20 min，关闭后，打开过滤风15 min；b.用70%酒精擦拭超净工作台台面、双手及其他器具 | a.取出保存在70%酒精中的镊子、解剖刀，将其在酒精灯上过火，冷却待用；b.打开无菌培养的铁皮石斛的培养瓶，用镊子夹取带有叶片的幼嫩茎段，置于灭菌后的吸水纸上；c.用解剖刀将茎段切成1cm左右长，且至少带有一片叶片 | a.用70%酒精棉球擦拭培养瓶瓶身、瓶口，在酒精灯外焰上快速烧一下瓶口；b.左手拧开装有已灭菌的MS培养基的培养瓶瓶盖；c.右手用镊子夹取切好的茎段，将茎段正向、垂直插入培养基，深度以0.3～0.5 cm为宜；d.重复操作，一个培养瓶中插入3～4个茎段，拧紧瓶盖 | a.设置培养箱条件：25℃恒温，光照时间12 h/d，光强度2000 lx；b.将接种好的培养瓶置于培养箱中，每隔2天观察记录生长状况 | a.用灭菌后的镊子夹取少许愈伤组织细胞置于载玻片上，用镊子轻轻压扁；b.滴一滴清水，盖上盖玻片，制作愈伤组织细胞临时装片；c.熟练使用显微镜观察，用数码摄像头在40×10放大倍数下拍摄愈伤组织细胞的照片；d.操作软件，实时上传分享细胞照片，讨论细胞的结构特点 | a.用70%酒精棉球擦拭瓶身、瓶口，在酒精灯外焰上快速烧一下瓶口；b.左手拧开装有已灭菌的分化培养基的培养瓶瓶盖；c.右手用镊子夹取适量的愈伤组织，接种到培养基表面，一个培养基中接种1～2个愈伤组织块，拧紧瓶盖 | a.设置培养箱条件：25±2℃恒温，光照时间12 h/d，光强度2000 lx；b.每隔2天观察记录愈伤组织的分化情况 |
| 权重 | 8 | 12 | 16 | 8 | 16 | 12 | 8 |
| 自评 | a　b | a　b　c | a　b　c　d | a　b | a　b　c　d | a　b　c | a　b |
| 互评 | a　b | a　b　c | a　b　c　d | a　b | a　b　c　d | a　b　c | a　b |
| 实验安全 | 遵守实验室规范和实验提示 | | | | | | |
| | 清洁、整理实验用具和实验台 | | | | | | |

| 收获 | 谈谈本次实验的收获：_____ |  |
|---|---|---|
| 师评 | 实验结果（10 分） |  |
|  | 量规完成情况（10 分） |  |
| 总分（100 分）： | | |

续表

#### 6. 教学评价

在学生活动 2 中，学生能够主动选择合作对象，规范使用高压蒸汽灭菌锅、超净工作台和光照培养箱等复杂实验工具完成实验操作，并能够在同伴的帮助下完成培养基的配制、外植体消毒和无菌接种等实验技术。在学生活动 3 中，学生能够主动与同伴配合，正确使用量规指导和评价实验方案实施。学生需要具备科学探究素养"实验方案实施"维度的三级水平。

【案例分析】

（1）科学探究素养进阶水平分析。

上述两个案例均指向科学探究素养的"实验方案实施"维度。其中，案例 1"检测生物组织中的油脂、糖类和蛋白质"是高中生物学必修模块中的第一个实验，实验目的明确、实验方案清晰，因此课堂教学可以围绕科学探究素养中"实验方案实施"和"结果分析交流"两个维度展开，案例 1 仅表述了"实验方案实施"维度。刚接触高中生物学实验的学生，对于生物学实验常用的实验仪器还不够熟悉，对于物质鉴定类实验的操作方法还缺乏经验。因此，案例 1 指向的是"实验方案实施"维度的二级水平。案例 2"验证细胞的全能性——铁皮石斛的组织培养"是对教科书中教学内容的拓展。细胞全能性的表达过程离不开细胞的分裂和分化，学生很难理解一个分化了的细胞是如何恢复分裂能力，继而再分化形成一个个体的过程，无法感受细胞全能性的奇妙之处。案例 2 中教师安排了学生实验活动来验证细胞的全能性，有助于通过科学探究引导学生领会细胞分裂与分化的科学本质与神奇之处，体会生命的奥秘。由于本活动涉及的实验仪器相对复杂，操作技术难度较大，需要的时间较长，因此本节课主要侧重"实验方案实施"这个维度开展活动。案例 2 指向"实验方案实施"维度的三级水平，适用的对象是参加选考的学生。

(2)科学探究素养进阶策略分析。

从案例1到案例2实现"实验方案实施"维度水平二到水平三的进阶,主要是通过以下方式达成的:

首先,在"使用工具"方面,案例1中使用的实验仪器相对简单,比如光学显微镜、水浴锅、研钵等。经过教师的讲解与演示,学生能够了解它们的工作原理并能独立、规范地使用即可,指向"使用工具"的二级水平。案例2中涉及的实验仪器则相对复杂,比如高压蒸汽灭菌锅、超净工作台和光照培养箱,要做到正确规范地使用这些仪器难度明显要更高一些,指向"使用工具"的三级水平。

其次,在"掌握技能"方面,案例1中学生需要完成的都是相对简单的实验技能,比如徒手切片、组织染色、临时装片的制作、显色剂的使用等,学生通过观看教师演示或对照教科书中的实验步骤通常就比较容易掌握,指向"掌握技能"的二级水平。案例2是对教科书内容的拓展提升,实验活动中培养基的配制、外植体消毒、无菌接种等实验技能与案例1相比难度明显更高,学生完全没有相关实验技能的基础,因此需要在教师的指导下完成操作,指向"掌握技能"的三级水平。

最后,在"团队合作"方面,案例1是学生在高中阶段进行的第一个生物学实验活动,团队合作的主动性和能力有所欠缺,因此需要教师提前对学生进行合理分组,并指导组长进行任务分配,同时鼓励学生能够在同伴遇到困难时主动给予帮助。案例2中的实验活动安排在《分子与细胞》模块最后一章的教学过程中,学生经过多个实验的合作探究,理论上已经具备了"团队合作"的二级水平。因此,本实验中学生获得了更大的主动权,教师不再参与学生的分组和任务分配,由学生主动寻找同伴,与同伴合作实施实验方案,这样的设计指向"团队合作"的三级水平。

### (四)"结果分析交流"维度

结果分析的前提是记录结果,实验结果记录的方式或方法会影响结果的分析。结果分析是一个说理过程,需要有证据的支持和合理严密的推理。同伴或同行之间交流实验结果是必不可少的,思维碰撞的火花有利于进一步完善科学探究的过程。该维度的进阶水平差异主要体现在结果记录的方式或方法的合理性、多样性,结果分析是否独立完成,分析方法和角度是否多元化,结果交流的形式及专业化程度等。

## 案例 1　细胞内各结构协调配合，共同执行生命活动

### 1. 教学目标

根据帕拉德（G. Palade）科学史实验的思路，找出自变量、因变量，并基于变量有理有据地分析实验结果，最后完成分泌蛋白质的合成和分泌途径的构建，提升结果分析交流的科学探究素养。

### 2. 任务

探究细胞结构在结构和功能上的联系。

### 3. 情境

细胞具有三大系统，即边界、代谢系统、遗传控制中心，细胞正常的生命活动离不开各组分的协调配合。为研究蛋白质的合成和分泌途径，帕拉德等将豚鼠胰腺腺泡细胞置于含放射性同位素 $^3H-$ 亮氨酸的溶液中进行脉冲标记，随后转移至无放射性的培养液中。经过不同时间培养，通过放射自显影检测腺泡细胞的放射性分布情况。

### 4. 核心问题

豚鼠胰腺腺泡细胞的各结构如何协调配合，共同完成蛋白质的合成和分泌？

### 5. 活动

分析帕拉德科学史实验，构建概念图。

**教师提问**：该实验的自变量、因变量是什么？

**学生活动 1**：独立分析材料，确定自变量为培养时间，因变量为腺泡细胞的放射性分布情况。

**教师提问**：分泌蛋白的合成和分泌过程涉及哪些细胞结构？判断依据是什么？构建分泌蛋白的合成和分泌过程的概念图。

**学生活动 2**：分析实验现象，有理有据地说出该过程涉及的细胞结构，并以文字和箭头的形式表示分泌蛋白合成和分泌过程的具体路径，总结结论"完成生命活动需要细胞内的多种结构相互协调配合"。

### 6. 教学评价

在学生活动 2 中，学生能在完成变量分析的基础上，独立分析资料中的实验结果，

构建豚鼠胰腺腺泡细胞分泌蛋白的合成和分泌路径,并最终意识到完成生命活动需要细胞内的多种结构相互协调配合。学生需要具备科学探究素养"结果分析交流"维度的二级水平。

## 案例 2　DNA通过半保留方式进行复制

### 1. 教学目标

基于 DNA 分子复制方式的三种假设,预测实验结果;根据预测结果和实际结果,从 DNA 双链分子和 DNA 单链分子两个角度,运用科学论证方法确定 DNA 的复制方式,提升结果分析交流的科学探究素养。

### 2. 任务

探究 DNA 分子的复制方式。

### 3. 情境

1953 年,沃森(J. Watson)和克里克(F. Crick)揭示了 DNA 的双螺旋结构。此后,基于特定的碱基配对方式,科学家就 DNA 分子的准确复制过程做出了不同的猜想。直至 1958 年,梅塞尔森(M. Meselson)和斯塔尔(F. Stahl)通过一个巧妙的实验结束了关于这一问题的争论。

资料 1:DNA 分子复制的三种假设,如图 3-5 所示。

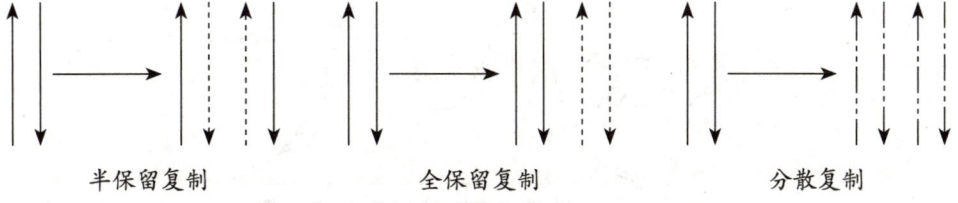

图 3-5　DNA 分子复制方式假设的示意图

资料 2:1958 年,梅塞尔森和斯塔尔以大肠杆菌为实验材料,利用同位素标记法和密度梯度超速离心法探究 DNA 分子的复制方式。实验方案:先将大肠杆菌在只含 $^{15}$N 的培养基中培养若干代,使其 DNA 中的 N 均为 $^{15}$N,再将其转移到只含 $^{14}$N 的培养基中,待其分裂一次和二次后,分别提取 DNA 并进行密度梯度超速离心。通过紫外光吸收法观察子代 DNA 条带所处的位置,并对离心管中 DNA 含量进行检测,结果如图 3-6 所示。

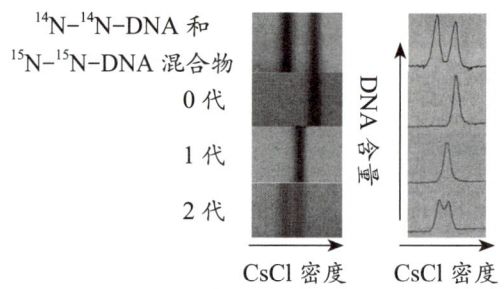

图 3-6　DNA 分子经密度梯度超速离心的分布情况

资料3：为了增加实验的说服力，梅塞尔森和斯塔尔采用另外一种方法探究 DNA 分子复制方式。实验方案：将 DNA 仅含 $^{15}$N 的大肠杆菌转移到只含 $^{14}$N 的培养基中，待其分裂一次，提取 DNA，100℃处理 30 min，进行密度梯度离心。分别提取 $^{14}$N-$^{14}$N-DNA 和 $^{15}$N-$^{15}$N-DNA，100℃处理 30 min，混合后进行密度梯度离心。检测离心管中对应位置的 DNA 含量，结果如图 3-7 所示。

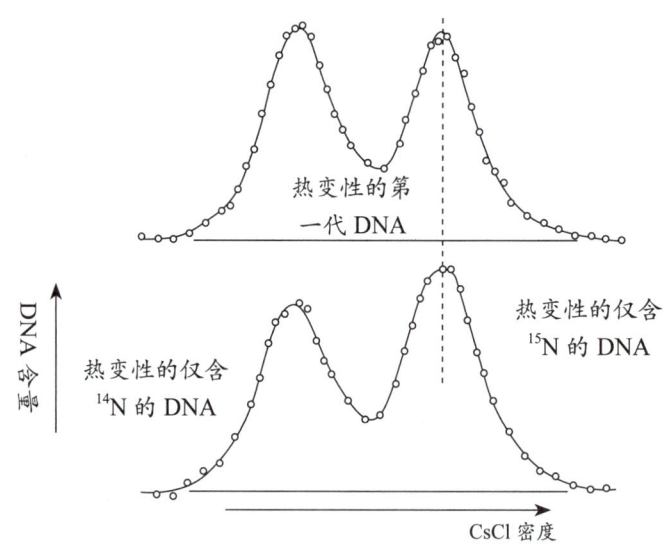

图 3-7　热变性 DNA 分子经密度梯度超速离心的分布情况

### 4. 核心问题

DNA 分子通过什么方式复制，从而保证遗传信息准确传递？

### 5. 活动

运用科学论证分析梅塞尔森和斯塔尔实验，探究 DNA 分子的复制方式。

**教师提问**：三种复制方式形成的子代 DNA 分子有何异同？如何将三种子代 DNA 分子区分开。实验材料需具备什么特点？如何控制 DNA 分子复制的次数？

**学生活动 1**：交流讨论，确定三种复制方式形成的子代 DNA 分子的异同，提出采用同位素标记法区分三种复制方式产生的子代 DNA 分子。在教师的引导下，学生讨论后明确选择仅有一个 DNA 分子的细胞——大肠杆菌为实验材料，并且通过控制培养时间控制 DNA 的复制次数。

**教师提问**：运用科学论证的方法，分析资料 2、3 的实验结果，得出结论。

**学生活动 2**：分析资料 2 中实验所得的证据，提出自己的主张和推理过程（图 3-8）。教师适时引导学生"你的证据就是你看到的实验现象；你的主张就是实验的结论，如 DNA 分子的复制方式是什么，但主张必须得到证据的支持；你的推理就是利用实验现象来推理获得结论的过程，如……（假设），则……（预测结果），预测结果与实际结果相符 / 不符，则假设正确 / 不正确"。经生生互评，最终得出结论"DNA 的复制方式为半保留复制"。

**学生活动 3**：分析资料 3 中实验所得的证据，提出自己的主张和推理过程，再次明确 DNA 的复制方式为半保留复制。

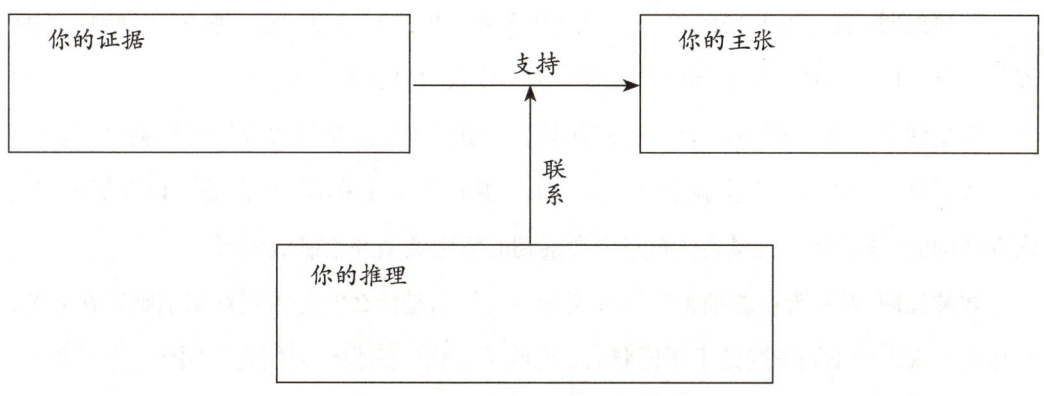

图 3-8　科学论证的过程

### 6. 教学评价

在学生活动 2、3 中，学生利用科学论证的方法，分析资料中的实验结果，提出明确的主张、提供有力的证据和建立有理有据的推理过程，最终得出实验结论。学生需要具备科学探究素养"结果分析交流"维度的三级水平。

## 案例 ③ 观察根尖分生区细胞的永久装片

### 1. 教学目标

通过描述根尖分生区不同细胞的结构并按分裂时期对细胞图像进行排序，统计不同时期的细胞数量并采用绘图的方式呈现细胞周期，从而认识有丝分裂的过程，发展归纳与概括、模型与建模等科学思维方法，提升结果分析交流的科学探究素养。

### 2. 任务

分析与处理"观察根尖分生区细胞的永久装片"的实验结果。

### 3. 情境

播放教师拍摄记录的洋葱三天生长情况的视频。

### 4. 核心问题

如何辨别处于不同分裂时期的细胞？

### 5. 活动

观察永久装片，分析实验结果。

**教师提问**：洋葱叶和根的生长是通过什么来实现的？想要知道细胞怎样分裂，如何展开研究？什么器官、什么部位的细胞分裂速度很快且容易观察？

**学生活动 1**：观看视频，讨论并回答问题。小组合作，观察根尖分生区细胞永久装片，利用数码显微镜展示本组实验结果，并说出一共找到了几种不同的细胞，以及每种细胞内部结构的异同。生生互动，补充完善观察到的细胞类型并绘制成图形。

**教师提问**：对视野中的细胞进行分类的主要依据是什么？是否观察到细胞正在分裂，为什么？视野中不同细胞处于不同状态，说明了什么？细胞分裂的先后顺序是怎样的？

**学生活动 2**：独立分析，将观察到的细胞进行分类，并说明分类依据。生生互动评价，总结出最为合理的分类方式。然后，思考并指出：永久装片中的细胞都是失活状态，不会分裂，视野中不同细胞可能处于不同分裂阶段。接着，尝试将绘制的细胞图形按照细胞分裂过程先后顺序进行排序，采用手机同屏技术展示自己的排序情况并说明理由。

**播放视频**：科学家在显微镜下拍摄的连贯分裂的细胞。

**教师提问**：科学结论不仅要符合逻辑，还应该有证据支持。根据视频来看，你们的排序是否正确？你们观察到的各个细胞分别对应于细胞周期的什么阶段？各个时期的细胞数量是怎样的？如何判断细胞周期每个阶段的时长所占的比例？

**学生活动 3**：根据视频信息，判断排序的正确性，对照教科书中关于细胞周期的介绍，判断实验观察到的细胞所处的分裂时期。然后，观察根尖分生区细胞永久装片的两个视野并统计各个时期的细胞数目，将实验结果记录在表格中（表3-6）。

表 3-6 实验数据记录表

| 视野 | 细胞数量 / 个 | | | | |
|---|---|---|---|---|---|
| | 间期 | 前期 | 中期 | 后期 | 末期 |
| 1 | | | | | |
| 2 | | | | | |

最后，在教师的引导下明确各个时期细胞的数量与时长的关系，并根据记录的数据，选择合适的图形呈现细胞周期。

### 6. 教学评价

在学生活动 1 中，学生能够准确描述观察到的不同细胞的结构差异，并采用合适的方式进行归类。在学生活动 2 中，学生能够通过独立分析，对细胞进行正确排序。在学生活动 3 中，学生能够合理利用表格记录实验数据，并根据数据正确绘制细胞周期模式图（扇形图、线段图等均可）。学生需要具备科学探究素养"结果分析交流"维度的二级水平。

## 案例 4  探究氯化钠溶液浓度对洋葱根尖细胞有丝分裂的影响

### 1. 教学目标

依据量规分析异常显微图的成因，熟练掌握有丝分裂临时装片制作的实验操作要领。通过辨别分裂期细胞并说出判断依据，描述有丝分裂各时期的主要特征。通过统计与处理数据以及绘制曲线图，分析造成不同实验结果差异的原因，发展归纳与概括、模型与建模等科学思维方法，提升结果分析交流的科学探究素养。

### 2. 任务

分析与处理课前活动"制作和观察洋葱根尖有丝分裂临时装片"的实验结果。

### 3. 情境

学生课前完成分组实验，不同组所选择的实验材料有差异（用不同浓度的氯化钠溶液处理)。播放学生在课前活动时录制的实验操作视频,并展示学生实验观察所得的4张临时装片的显微照片,如图3-9所示。

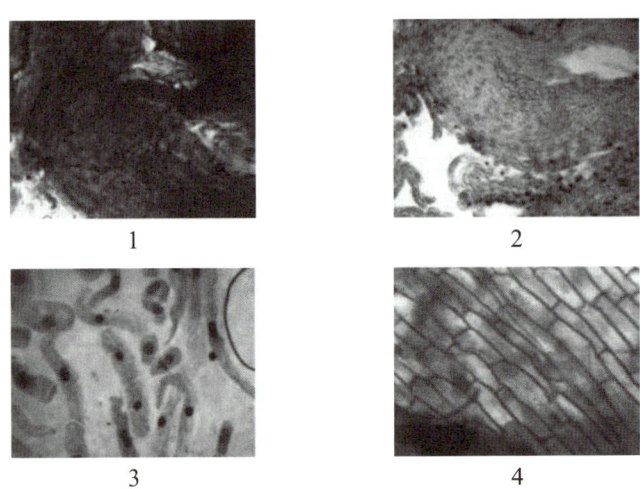

图3-9 洋葱根尖显微照片

### 4. 核心问题

不同浓度的氯化钠溶液对洋葱根尖细胞有丝分裂有什么影响?

### 5. 活动

筛选有效实验结果,计算有丝分裂指数,比较实验结果差异并分析原因。

**教师提问:** 呈现的显微照片是否能清晰识别细胞有丝分裂的各个时期?造成实验结果不理想的原因可能是什么?

**学生活动1:** 小组合作,结合视频内容,依据量规表(见后文表3-8)评价实验结果。小组代表汇报分析结果,其他小组进行点评。

**教师点明:** 依据实验量规进行规范操作是获得有效实验结果的前提。

**教师提问:** 获得有效实验结果后,如何判断氯化钠溶液对细胞有丝分裂是否有影响?有什么影响?

**学生活动2:** 探讨实验因变量的观测指标,并处理、分析实验结果。

师生共同讨论得出细胞分裂指数可作为因变量的观测指标,计算细胞分裂指数要统计分裂期的细胞总数和图像中的总细胞数。学生以6人小组为单位,针对较理想的显微照片,从中找出前期、中期、后期和末期各一个,并说出判断依据,由其他小组进行点评。

然后，分别统计分裂期总细胞数和图像中总细胞数，并将数据汇总给大组长（每两个小组为一大组），大组长将数据汇总在表3-7中。

表 3-7　实验数据记录表

| 组号 | 分裂期细胞数 | 非分裂期细胞数 | 细胞总数 | 有丝分裂指数 |
|---|---|---|---|---|
|  |  |  |  |  |
|  |  |  |  |  |

**教师提问**：各大组数据之间是否存在差异？存在何种差异？为什么会出现差异？这个实验的自变量、因变量、检测指标、实验目的分别是什么？实验数据记录表是否需要改进和完善？是否有其他方法让实验数据的呈现更直观？

**学生活动3**：讨论并指出数据的差异之处，分析差异出现的原因是实验材料在不同浓度的氯化钠溶液中培养导致的。然后，指出本实验的自变量、因变量、检测指标和实验目的等，并在实验记录表格中补充氯化钠溶液浓度这个指标。大组长将各小组的数据输入电子表格，利用统计软件计算出本组的有丝分裂指数，并制作曲线图，最后根据曲线图得出相关实验结论。

#### 6. 教学评价

学生能够结合视频内容指出显微照片中存在异常，准确说出异常出现的原因并阐明依据，能够独立辨认分裂期的细胞并说出依据，准确数出并如实记录分裂期和视野中细胞总数，自主完善实验记录表并能够准确绘制坐标曲线图，能够分析实验数据从而得出正确的实验结论。学生需要具备科学探究"结果分析交流"维度的三级水平。

○ 实验评价量规表 ○

活动"制作和观察洋葱根尖有丝分裂临时装片"的实验评价量规表（表3-8）供参考。

表 3-8　实验评价量规表

| 评价内容 | 评价细则 | 分值 | 自评 | 他评 | 得分 |
|---|---|---|---|---|---|
| 解离 | ①用玻璃皿取适量解离液；②用镊子夹取1条洋葱根尖置于装有解离液的玻璃皿中；③解离3～5 min | 10 |  |  |  |
|  | 按照以上步骤基本完成解离操作，做到上述3项中的2项 | 6 |  |  |  |
|  | 没有按照实验步骤完成解离操作，上述3项只做到1项 | 2 |  |  |  |

续表

| 评价内容 | 评价细则 | 分值 | 自评 | 他评 | 得分 |
|---|---|---|---|---|---|
| 漂洗 | ①左手持镊子夹住洋葱根，右手持滴管清洗；②每秒不少于 1 滴；③漂洗 1min | 10 | | | |
| | 按照以上步骤基本完成漂洗操作，做到上述 3 项中的 2 项 | 6 | | | |
| | 没有按照实验步骤完成漂洗操作，上述 3 项只做到 1 项 | 2 | | | |
| 染色 | ①用玻璃皿取适量龙胆紫染液；②用镊子夹取漂洗后的洋葱根尖置于盛有染液的玻璃皿中；③染色 1～2 min | 10 | | | |
| | 按照以上步骤基本完成染色操作，做到上述 3 项中的 2 项 | 6 | | | |
| | 没有按照实验步骤完成染色操作，上述 3 项只做到 1 项 | 2 | | | |
| 制片 | ①用镊子夹取染色后的洋葱根尖置于载玻片上，用吸水纸洗去多余染料；②用剪刀剪取根尖 2～3 mm；③滴加清水 3～4 滴，加盖盖玻片；④加盖载玻片；⑤用拇指轻轻按压盖玻片；⑥根尖压成云雾状 | 20 | | | |
| | 按照以上步骤基本完成制片操作，做到上述 6 项中的 4 项 | 12 | | | |
| | 没有按照实验步骤完成制片操作，上述 6 项只做到 2 项 | 4 | | | |
| 观察 | ①取镜（右手握镜臂，左手托镜座）；②安放（略偏左，距实验台边缘约 7 cm）；③对光（低倍镜正对通光孔→选择遮光器上最大光圈→对准实验桌光源，根据光线强弱正确使用反光镜→得到圆形明亮视野）；④观察（将装片置于通光孔正中央→压片夹住装片→适当调节粗细准焦螺旋→⑤找到分生区细胞→转换镜头至高倍镜→观察分裂期细胞）；⑥计数：细胞分裂期形态数为 $x$。（A.3 个以上 B.2～3 个 C.2 个以下） | 20 | | | |
| | 按照以上步骤基本完成显微镜观察操作，做到上述 6 项中的 4 项（且第⑥项为 A 或 B） | 12 | | | |
| | 未按照以上实验步骤完成显微镜观察操作，上述 6 项只做到 2 项（第⑥项为 C 或未观察到任何分裂期图像） | 4 | | | |
| 合计总分（自评×30%＋他评×70%）： | | | | | |

【案例分析】

（1）科学探究素养进阶水平分析。

上述 4 个案例均指向科学探究素养的"结果分析交流"维度，其中案例 1、2 是科学史教学，案例 3、4 是实验教学。

①科学史教学案例分析。

案例1指向"结果分析交流"维度的二级水平。以帕拉德的豚鼠胰腺腺泡细胞实验为素材，学生使用恰当的方法独立分析实验结果。在总结该实验变量的基础上，学生分析不同时刻胰腺腺泡细胞的放射性情况，构建分泌蛋白合成和分泌的过程，最终意识到完成生命活动需要细胞内多种结构相互协调配合。此时，学生刚刚接触高中生物学不久，设计指向"结果分析交流"维度二级水平的学生活动是合适的。

案例2指向"结果分析交流"维度的三级水平。以梅塞尔森和斯塔尔的实验为素材，学生从多角度分析实验结果。教师引导学生在基于假设预测结果的基础上，运用科学论证的方法，从DNA双链分子和DNA单链分子两个角度分析相应的实验结果，提出主张、证据，并进行有理有据的推理，并且通过生生互评，分析证据是否支持主张，推理是否合适且逻辑通顺，最终确定DNA分子的复制方式。学生可利用生物统计学的不同方法对定量实验的结果进行分析，从而获得更可靠的结论。然而，在高中阶段，学生似乎很难采用多种方法对同一实验结果展开分析。但是学生可转变思路，从多角度设计实验，并分析实验结果，以增加实验结论的说服力和可靠性。例如：先对实验结果进行定性分析，随后改进实验进行定量分析；分别从DNA、RNA、蛋白质和性状的角度检测转基因植物是否培育成功等。

②实验教学案例分析。

案例3"观察根尖分生区细胞的永久装片"属于观察类实验，也是《分子与细胞》模块中最后一个实验，学生在前面的实验中已经多次进行显微镜观察和临时装片的制作，对相关操作原理、规范已非常熟悉，能够独立完成相关实验操作。本实验的目的明确，步骤清晰，侧重"实验方案实施"和"结果分析交流"。案例3选择的是观察永久装片，省去了装片制作的过程，因此"实验方案实施"和"结果分析交流"都安排在课堂教学中完成。案例3着重表述了"结果分析交流"维度。另外，案例3是将实验整合于新课教学中开展的，学生对于有丝分裂的过程和特点还缺乏认知，因此指向的是"结果分析交流"维度的二级水平。案例4安排在有丝分裂过程的学习之后，整体要求比案例3有了一定的提升。案例4需要学生通过制作和观察临时装片，并统计、分析实验数据，来探究氯化钠溶液浓度对细胞有丝分裂的影响。整个活动需要的时间较长，因此将"实验方案实施"前置于课前进行，课堂教学侧重"结果分析交流"维度，指向的是此维度的三级水平。

（2）科学探究素养进阶策略分析。

①科学史教学案例分析。

从案例1到案例2实现了"结果分析交流"维度水平二到水平三的进阶，主要通过以下几个方面实现：

首先，从科学史情境的角度分析。案例1中豚鼠胰腺腺泡细胞实验情境对学生来讲是一个新的情境，然而，此时学生已经学习过细胞膜、细胞核和各种细胞器的结构与功能，且对细胞的亚显微结构也不陌生，因此该情境是建立在熟悉情境的基础上的。案例2中梅塞尔森和斯塔尔的实验情境对学生来讲是一个复杂的、全新的情境，且DNA复制方式的三种假说是由当时最优秀的一批学者提出来的。虽然在此案例中是由教师介绍而不是让学生自己提出假设，但是学生要完全理解它们也还是存在一定难度的。此外，密度梯度超速离心也是首次接触，故根据三种假设预测实验结果的难度也是相当大的。

其次，从科学史素材处理的角度分析。案例1的实验结果以模式图的形式呈现，此外其实验结果本身也相对比较简单，学生直接观察不同时刻细胞中放射性的分布情况即可，分析起来也较简单，存在争议的地方较少。当然，若查询帕拉德等的原始论文，以原始实验结果为素材设计该维度的学生活动，可以达到三级水平。案例2的实验结果则以科学史实验原始结果的形式呈现，同时该实验结果本身就较为复杂，经密度梯度超速离心后，既有条带的位置和数量的检测结果，又有不同位置DNA含量的检测结果。此外，还有DNA双链分子和DNA单链分子两个角度。学生要获取这些实验结果中的信息还是存在一定的难度的。

最后，从科学论证的角度分析。案例1中学生只是简单地识别实验结果，在变量分析的基础上，构建了分泌蛋白的合成和分泌过程。说理过程采用的是一种比较简单的科学论证方法，并没有明确地从主张、证据、推理的角度进行严谨分析。案例2中，学生从DNA双链分子和DNA单链分子两个角度，根据假设预测实验结果，以书面的形式，通过严密的科学论证方法，提出主张、证据和推理过程，经过讨论后还要进行修正，说理过程比较充分和复杂。

②实验教学案例分析。

从案例3到案例4实现"结果分析交流"维度水平二到水平三的进阶，主要是通过以下方式达成的：

首先，在"记录结果"方面，案例3中学生只需要根据实验需要自主设计恰当的实验数据记录表来记录各时期细胞的数目即可，指向"记录结果"的二级水平。案例4中学生既需要在观察的过程中使用数码显微镜及时将观察视野图像截图保存，还需要设计表格记录图像中分裂期、非分裂期细胞数量和细胞总数等实验数据，将各组数据输入电子表格并计算出有丝分裂指数。显然，案例4中对学生"记录结果"水平的整体要求高于案例3，指向三级水平。

其次，在"分析结果"方面，案例3中学生需要针对观察到的各种不同细胞进行归类和排序，并根据统计的不同时期细胞的数量选择恰当的绘图方式来直观呈现细胞周期各阶段的长短，指向"分析结果"的二级水平：能独立分析并选用恰当的实验结果呈现方式。案例4中，学生分析讨论异常的实验结果，在分析实验数据时，通过比较各组实验数据的差异来指出实验的自变量。为了使数据更有效，汇总了各组的实验数据并引入了有丝分裂指数这一新的检测指标，此外还借助统计软件将实验数据生成更为直观的曲线图，活动设计指向"分析结果"的三级水平：能用多种方式，正确分析实验结果。

最后，在"交流讨论"方面，案例3中学生通过口头方式描述观察到的细胞结构，并就细胞分类方式和排序依据与同伴开展讨论，指向"交流讨论"的二级水平。案例4中学生已经学习过有丝分裂的过程，对于相关科学概念有了一定程度的掌握，需要用科学术语阐释异常实验结果产生的原因，分析规范操作所得的实验结果，表述实验结论等，指向"交流讨论"的三级水平。

## 三、单元整体教学实践

如果说概念建构是课堂教学的明线，那么素养提升就是贯彻教学过程的暗线。由于时间的限制，课时教学对于学生科学探究素养的培养必须要有侧重。因此，我们需要对一个单元、一个模块甚至是整个高中生物学学科课程的教学进行整体设计，以期全面提升学生的科学探究素养。我们从科学史教学和实验教学两条途径，可以尝试以某一个概念为单元，对科学探究素养的四个维度进行整体设计。

### （一）基于科学史的单元整体教学——以"遗传的基本规律"为例

孟德尔豌豆杂交实验是经典遗传学实验，其中包含着科学家探索遗传规律的全过程，也体现了科学家锲而不舍的探索精神。我们用单元整体教学设计思想，从"问题与假设""实验方案设计""结果分析交流"维度设计并实施了相关学生活动，展示了如何借助科学史来引导学生像科学家一样思考，让学生在经历科学探究过程中建构概念，同时实现科学探究素养水平的进阶。

### 1. 教科书分析及设计思路

"遗传的基本规律"选自《普通高中教科书·生物学 必修2 遗传与进化》，其主要内容包括基因的分离定律和自由组合定律。孟德尔在观察和分析一对和两对相对性状杂交实验的基础上，发现了可探究的生物学问题，通过推理和分析提出了相关假说来解释性状分离和自由组合的现象，设计并实施了精巧的测交实验来验证假说，最终凝练了两大遗传规律。孟德尔采用的研究方法被后世称为"假说–演绎"法。教师可以利用科学史素材，引导学生运用"假说–演绎"法分析现象背后的实质，这能极大地促进学生科学思维、科学探究素养的发展，并且逐步形成"进化与适应"的生命观念。学生在初中阶段学习的概念"生物通过生殖、发育和遗传实现生命的延续"为本单元的学习提供了支撑，本单元也是学生学习概念"有性生殖过程中基因随染色体分离和重组"的基础。

本单元聚焦课程标准中的次位概念"有性生殖中基因的分离和自由组合使得子代的基因型和表型有多种可能，并可由此预测子代的遗传性状"。为更好地完成学习，教师可以将本单元概念解构为"性状分离的原因是等位基因的相互分离""性状自由组合的原因是非等位基因的自由组合""基因的分离和自由组合使得子代基因型和表型有多种可能"3个下位概念。其中下位概念1"性状分离的原因是等位基因的相互分离"，由学生观察发现的事实1和通过探究发现的事实2共同支撑学习；下位概念2"性状自由组合的原因是非等位基因的自由组合"，由学生观察和分析发现的事实3和通过探究发现的事实4共同支撑学习；下位概念3"基因的分离和自由组合使得子代基因型和表型有多种可能"，由学生通过推理分析发现的事实5和事实6共同支撑学习。通过关注本单元的上位概念，教师可逐步厘清学习次位概念在学生建构重要概念、大概念及生命观念中的作用：学习有性生殖过程中等位基因发生分离，非等位基因发生自由组合，能为学生解释基因的分离和重组导致双亲后代的基因组合有多种可能性提供依据，为进一步形成"进化与适应"的生命观念打下基础；学习性状是由遗传因子控制的，在形成配子时，成对的基因彼此分离，不成对的基因自由组合，分别进入不同的配子中，随后雌雄配子随机结合产生受精卵，能为学生理解遗传信息控制生物性状并代代相传提供支撑。本单元的概念结构如图 3-10 所示。

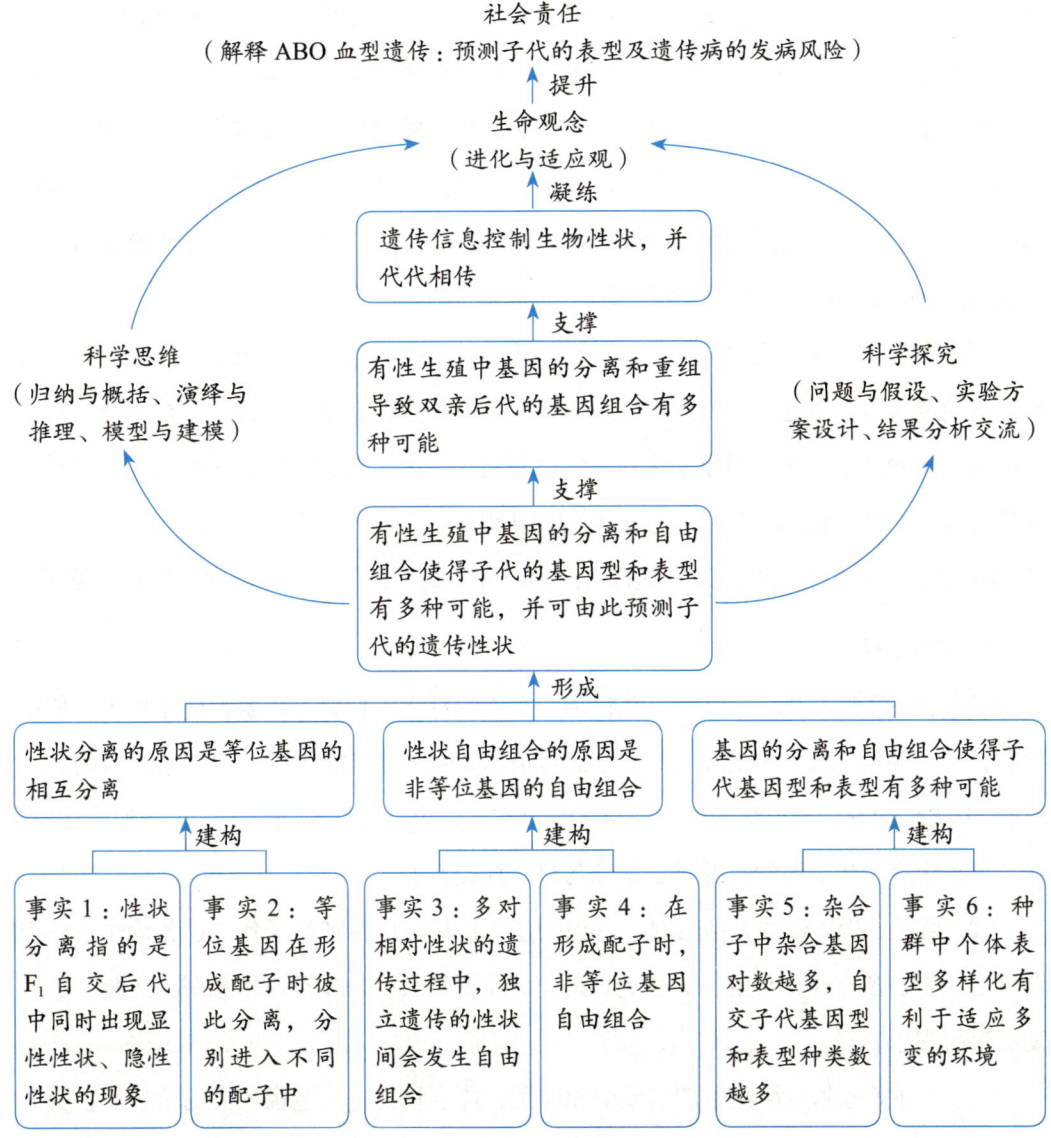

图 3-10 "遗传的基本规律"概念体系框架

本单元的明线是利用科学史素材，运用"假说-演绎"法总结基因的分离定律和自由组合定律，并建构各级概念；暗线是在此过程中发展归纳与概括、演绎与推理、模型与建模等科学思维方法和问题与假设、实验方案设计、结果分析交流等科学探究素养。这两条线交织，共同促进生命观念的形成和社会责任的提升。

### 2. 学情分析

本单元的授课对象是高一学生。通过初中阶段的学习，学生已经知道了生物通过生殖、发育和遗传实现生命的延续，亲代可以将很多特征遗传给子代，但是他们对遗传物质如何传递给子代并不清楚。经过《分子与细胞》模块的学习，学生已经建构了"细胞是生物体结构与生命活动的基本单位""细胞的生存需要能量和营养物质，并通过分裂实现增殖"这两个大概念，初步形成了"结构与功能""物质与能量"等生命观念，同时具备了一定的模型与建模的科学思维。与此同时，学生对科学探究的各个维度也有了一定程度的认识，但是他们并不了解"假说－演绎"法。

基于学生自主建构概念和提升学科核心素养的需要，教师可以依据科学史素材，将教学情境置于孟德尔进行研究的时代背景中，引导学生分析融合学说是否能解释一对相对性状的实验结果，并利用原子论启发学生猜测遗传因子的粒子性，进而对一对相对性状杂交实验的结果做出解释，并验证假说得出结论。在此过程中，学生感悟"假说－演绎"法。此后，学生运用"假说－演绎"法学习并归纳自由组合定律就变得顺理成章了。

### 3. 教学目标

（1）通过分析孟德尔一对相对性状杂交实验的科学史材料，理解孟德尔提出的假说内容，初步领悟"假说－演绎"的科学思维方法。通过分析孟德尔两对相对性状的杂交实验，用"假说－演绎"法来解释现象、预测实验结果、验证预测结果、得出实验结论。在此过程中进一步发展学生的科学思维与科学探究素养。

（2）通过分析子代的表型情况，认识到遗传信息可以传递给子代，遗传因子重新组合可增加生物多样性，对生物的适应和进化有重要意义，初步形成信息观、进化与适应观等生命观念。

（3）关注孟德尔定律在生产实践中的应用，体会科技进步造福人类的价值观，提升解决生产生活问题的担当和能力，增强社会责任感。

（4）通过小组合作，完成单元概念图的构建，学会构建概念模型的方法。

（5）通过辩论的形式分析孟德尔成功的原因，感悟科学精神，培养社会责任感。

### 4. 评价目标

（1）在学习孟德尔一对相对性状的杂交实验后，能用"假说－演绎"法解释两对相对性状杂交实验的现象，并预测实验结果。需要具备科学思维的四级水平和科学探究的三级水平。

（2）在学习孟德尔分离定律后，能通过辩论的方式分析孟德尔成功的原因。需要具备社会责任的三级水平。

（3）在学习孟德尔定律后，对子代基因型和表型有多种可能进行分析，认识到遗传信息的传递对生物多样性和进化的作用。需要具备生命观念的一级水平和科学思维的三级水平。

### 5. 教学过程

本单元的教学流程如图 3-11 所示。

图 3-11 "遗传的基本规律"教学流程图

(1)创设情境,提出问题。

展示课前学生收集并汇总的班里同学以及父母的ABO血型,呈现同学的血型与父母都不同的几种情况。提出核心问题:ABO血型的遗传遵循什么规律?

**设计意图**　从课前学生收集的血型信息入手,创设真实的情境,有效地激发了学生的学习兴趣。

(2)课堂讨论,建构概念。

教师简单介绍当时关于性状遗传的各种假说,如融合遗传、精原论、泛生论等。接着,教师展示道尔顿的原子论,并指出:孟德尔受到道尔顿原子学说的启发,大胆猜想生物的性状也是由细胞内的一些微粒(遗传因子)决定的。提出问题:假如你是孟德尔,该如何研究这些遗传因子?

**任务一:探讨一对相对性状的遗传规律,领悟"假说-演绎"法**

通过讨论,学生明确首先需要对一对相对性状的遗传展开研究并提出问题:一对相对性状的遗传规律是什么?

**【活动1:分析一对相对性状的杂交实验过程】**

学生思考并讨论问题:①为什么孟德尔要对紫花和白花进行人工授粉?②提供雌配子的是哪一植株?提供雄配子的又是哪一植株?③为什么要去雄?什么时候去雄?为什么在去雄后及传粉后要将母本的花进行套袋处理?

教师介绍:孟德尔发现,无论是紫花做母本,还是白花做母本,收取母本豆荚中的种子后种下,所有的子一代全部开紫花。

学生思考并讨论问题:$F_1$为什么会表现为紫花呢?可以有哪些猜想?如何验证猜想呢?学生提出自交的实验思想。

教师呈现自交结果,介绍性状分离、显性性状、隐性性状的概念。

学生思考并讨论问题:$F_1$体细胞中至少有几个与花色遗传有关的遗传因子?

师生总结尝试性解释1:遗传因子在细胞内成对存在,一个来自父本,一个来自母本;尝试性解释2:$F_1$的体细胞内有两个不同的遗传因子,但各自独立,互不融合。

教师呈现资料:孟德尔对$F_2$豌豆花色进行统计,发现其约为3∶1。其他6对相对性状的杂交实验的$F_2$中也出现了相同的现象。师生共同指出其中必然存在某种规律。

**【活动2:尝试对性状分离现象做出解释】**

学生思考并讨论问题:①$F_1$自交时,母本、父本的遗传因子组合分别是什么?②母本提供的雌配子中含有几个遗传因子？分别是什么？③父本能够提供几种雄配子？分别含有什么遗传因子？④同一种雌配子与雄配子结合的概率一样吗？

师生共同总结尝试性解释 3：$F_1$ 产生配子时成对的遗传因子彼此分开，分别进入两个配子，每个配子含有成对的遗传因子中的一个；尝试性解释 4：受精时雌雄配子是随机结合的。

教师引导学生思考最能够说明性状分离现象本质的尝试性解释。学生经过讨论，从而明确孟德尔对性状分离现象解释的核心观点。

【活动 3：设计实验，验证对性状分离现象的解释】

①可供选择的实验材料为 P 紫花（纯合子）、p 白花（纯合子），请从以上实验材料中选取合适的材料与 $F_1$ 紫花杂交，并说出选材理由。②尝试利用假说内容，推理预测实验结果。学生完成测交实验的设计，并预测实验结果。

教师引导学生思考演绎推理和实验验证的区别，并呈现测交实验的结果。师生共同总结基因的分离定律。

教师引导学生阅读"水稻花粉鉴定法"的相关资料，讨论该方法的优点及局限性。师生用概念图的形式共同总结分离定律的研究方法——"假说－演绎"法。

设计意图　教师以孟德尔探索一对相对性状杂交实验的科学发展史为线索，通过设置一系列有梯度的问题串，引导学生对 $F_1$、$F_2$ 性状进行分析和研究，通过大胆的猜测、推理，尝试提出解释，即孟德尔对遗传现象解释的五点假说。这有助于学生自主建构知识，使学生的科学思维得到发展。教师引导学生讨论假说与学说的区别，组织学生重新设计新的实验验证假说核心内容，领悟孟德尔设计测交实验的目的与巧妙之处，并体会演绎推理的过程。最后，师生总结孟德尔的分离定律研究的过程，领悟科学研究方法："假说－演绎"法。

### 任务二：运用"假说－演绎"法，归纳自由组合定律的实质

教师介绍豌豆具有多对相对性状并能传递给子代，如果直接研究多对相对性状的遗传规律是很困难的，因此，孟德尔首先选择了一对相对性状进行研究，最后再研究多对相对性状的遗传规律。提出核心问题：多对相对性状的遗传规律是什么？

学生经过讨论后，明确至少需要选择两对相对性状开展研究。教师再呈现孟德尔以豌豆为实验材料的两对相对性状杂交实验的过程和结果，引导学生分析在多对相对性状的遗传过程中，分离定律是否仍适用。

**【活动4：尝试对性状的自由组合现象进行解释】**

①亲本是黄色圆形，黄色和圆形都传递给子代。黄色和圆形之间是否发生了关联？②在$F_2$中种子的颜色和形状这两对相对性状发生组合，$F_2$中黄色圆形、黄色皱形、绿色圆形、绿色皱形的比例分别为9/16、3/16、3/16、1/16，黄色与圆形组合是否有偏好？

师生共同归纳：$F_1$到$F_2$的过程中，性状发生了组合，且这种组合是随机的、自由的，不存在偏好。

教师提问：引起性状自由组合的原因是什么？

①讨论分析$F_1$产生的雌雄配子的类型及比例；②推测这些配子结合产生的$F_2$的表型及比例，并记录推理过程。学生经过讨论后，对$F_2$中性状自由组合的现象进行尝试性解释，明确在形成配子时非等位基因自由组合，形成四种数量相近的配子。

**【活动5：尝试对性状自由组合现象的解释进行验证】**

学生选择合适的材料，设计测交实验并预测实验结果。师生共同总结验证假设正确与否的方法。教师展示孟德尔测交实验的结果，师生共同归纳自由组合定律。

教师呈现资料：在黑腹果蝇中发现灰体（B）对黑体（b）为显性，长翅（V）对残翅（v）为显性。20世纪初，摩尔根用灰体长翅（BBVV）和黑体残翅（bbvv）果蝇杂交，$F_1$都是灰体长翅（BbVv）。取$F_1$雌蝇与黑体残翅雄蝇测交，后代出现了灰体长翅、灰体残翅、黑体长翅和黑体残翅4种类型，比例为0.42∶0.08∶0.08∶0.42。

学生讨论分析黑腹果蝇的体色和翅形的遗传是否符合自由组合定律，并说明判断理由。师生共同总结自由组合定律具有一定的适用范围。

设计意图 运用"假说－演绎"法分析孟德尔两对相对性状的杂交实验，总结出自由组合定律，同时在发现问题、提出假说、演绎推理、实验验证、得出结论的过程中，提升了学生的科学思维能力。通过分析果蝇测交实验的结果，判断黑腹果蝇的体色和翅形的遗传是否符合自由组合定律，在提升学生的科学思维能力的同时，也能评价学生对于自由组合定律的掌握情况，并有助于学生认识到定律往往是有适用范围的、有前提的。

### 任务三：探讨非等位基因自由组合的意义

进化论认为存在的就是适应的，非等位基因自由组合在生物体中普遍存在。提出核心问题：非等位基因自由组合的生物学意义是什么？

**【活动 6：讨论非等位基因自由组合的理论意义】**

①呈现资料，若每对基因控制一对相对性状，且均独立遗传，讨论 2 对基因、3 对基因、4 对基因、$n$ 对基因自交后代的表型种类数。②子代表型多样化对于生物生存和繁衍有什么意义呢？学生总结规律，杂合基因对数越多，子代表型种类越多。

教师介绍：人体细胞中约有 25000 对基因，即使约 10% 处于杂合状态，也会造成子代表型很多。师生共同总结非等位基因的自由组合可以导致子代表型的多样化。

学生讨论后明确：若环境条件发生改变，性状也可能会发生改变，因此，多样化的子代有利于生物更好地生存和繁衍。

师生共同总结：在漫长的进化历程中，子代表型多样化有利于种群适应多变的环境，并归纳概念"形成配子时，非等位基因的自由组合，导致子代表型的多样化，进一步导致生物适应多变的环境"。

设计意图　引导学生根据教师提供的资料和问题，进一步主动建构概念，初步形成"遗传信息的传递在生物进化中发挥重要作用"的信息观、"生物多样性有利于生物体适应环境"的进化与适应观等生命观念。

**【活动 7：讨论非等位基因自由组合的实践意义】**

Ⅰ．汇总班级 ABO 血型数据发现：某同学为 O 型血，其父母都是 A 型血。思考问题：①在 A 型血和 O 型血中，什么是显性性状？什么是隐性性状？②该同学父母是纯合子还是杂合子？③父母都是 A 型血，孩子却出现 O 型血，该遗传现象称为什么？④尝试用分离定律解释以上现象（用遗传图解表示）。

教师介绍自由组合定律在育种中的应用价值。

Ⅱ．教师呈现资料：见强光就打喷嚏的 ACHOO 综合征（简称"甲病"）和由于焦虑引起的颤抖下巴（简称"乙病"）均为显性性状，均由一对基因控制，且独立遗传。致病基因分别为 A 和 B。有一对夫妇的基因型均为 AaBb。请预测子代可能的表型及比例。

师生共同总结自由组合定律在优生优育、遗传病的防治方面的作用。

设计意图　尝试用分离定律解释血型遗传规律，用所学知识解决新情境中的问题，这是对学生学习效果的即时性评价。学生预测患病双亲子代可能的表型及正常子代出现的概率，关注自由组合定律在生产生活中的应用，提升了社会责任感。

### 任务四：构建单元概念图

教师呈现资料：俗话说"一母生九子，连母十个样"。一对夫妇生育了可爱的三胎宝宝，但是三个孩子的表型以及他们与父母的表型均存在一定差异。提出核心问题：如何利用遗传学原理解释子代表型多样化？

【活动8：利用概念名词及短语，用文字、箭头构建概念图】

学生展示、讨论、修改概念图，如图3-12所示。

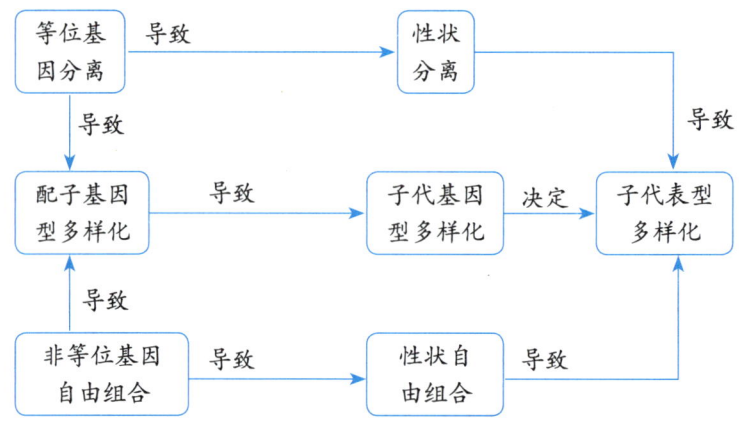

图3-12 "遗传的基本规律"单元概念图

**设计意图** 通过讨论分析子代的表型不同以及亲子代之间表型不同的原因、利用概念图梳理本单元的相关概念等方式，让学生的学习结果显性呈现，有利于对学生概念掌握情况进行评价与检测，便于教师及时调整教学方式。

（本案例由浙江大学附属中学秦丹老师、刘小园老师及杭州市余杭第二高级中学章颉老师提供）

【案例分析】

教师以孟德尔经典遗传学实验为单元情境，引导学生经历孟德尔的研究历程，引发深度学习，可以帮助学生主动建构概念。另外，此科学史是一个完整的科学探究过程，包含从问题与假设到结果讨论分析的每一个环节，教师可以针对这些环节设计学生活动，在活动过程中可以提高学生相关维度的科学探究素养。

（1）深度学习，自主建构次位概念。

孟德尔遗传定律是高中生物学课程中的一个难点，很多时候学生并不清楚两大遗传规律的内涵、孟德尔的假说内容、测交实验的意义。这往往是由于学习过程中学生没有进行深入思考所引起的,也就是"知其然,而不知其所以然"。要解决这个问题,教师必须将学生置于特定的情境中,引导其在活动中积极主动地参与,有质量的思考,开展深度学习。

本案例以孟德尔经典遗传学实验作为单元情境。在学习分离定律时,教师引导学生分析一对相对性状杂交实验中 $F_2$ 的表型,通过观察获得事实1(性状分离是指 $F_1$ 自交后代中同时出现显性性状、隐性性状的现象);设置一系列有递进的问题链,充分调动学生的高阶思维,引导学生对性状分离的现象做出解释并明确假说的核心内容,尝试设计测交实验验证假说,通过推理获得事实2(等位基因在形成配子时彼此分离,分别进入不同的配子中);在此基础上师生共同归纳概念"性状分离的原因是等位基因的相互分离",从而完成第1课时概念的建构。在学习自由组合定律时,教师引导学生分析两对相对性状的杂交实验中 $F_2$ 的表型,在观察、分析基础上获得事实3(多对相对性状的遗传过程中,独立遗传的性状之间会发生自由组合);引导学生用"假说-演绎"法对性状自由组合的现象做出解释并进行验证,进而揭示事实4(在形成配子时,非等位基因自由组合),在此基础上师生共同归纳概念"性状自由组合的原因是非等位基因的自由组合",最终完成第2课时概念的建构。

教师在孟德尔研究的每一个环节都设置了相应的学生活动,引导学生深度思考。在师生、生生交流时,有质疑、有争论、有改进,学生经历了由现象到本质,逐渐自主建构各级概念的过程。学习的真正目的是要用所学知识解决问题,自主建构的概念往往比较容易迁移应用。此外,本案例的概念建构过程有一定的梯度,有利于循序渐进地发展学生的核心素养。

(2)还原科学史,提升科学探究素养。

孟德尔在论文《植物杂交实验》中较为详细地描述了杂交实验的过程。如前所述,基于科学史素材设计活动是提升学生科学探究素养的有效途径。科学史上的经典实验大多比较复杂。因此,将豌豆杂交实验还原到教科书上所述的程度是合适的。接下来从科学探究的四个维度分析上述案例。

①问题与假设。问题是研究的起点,没有问题就没有科学研究,教师应该有意识地培养学生在分析实验现象的基础上,提出可探究的生物学问题。上述案例中,教师在引导学生观察 $F_1$ 紫花自交后代中出现了性状分离,且分离比是3∶1后,师生共同提出了

问题"为什么会发生性状分离";在学生观察并分析两对相对性状杂交实验出现的性状自由组合现象后,教师通过问题串引导学生提出问题"为什么会发生性状自由组合"。问题的提出是有进阶的,如性状分离的现象及其分离比相对来说比较容易观察,分析性状自由组合的现象,则需要对$F_2$中每对性状单独分析后,再分析它们之间组合的关系,这对高一学生来说难度还是比较大的。因此,本案例教师通过设计问题串逐步引导。案例中问题的提出可能略显仓促,若能留给学生更多的时间,对该维度素养的提升必定大有好处。假设是对现象的一种解释。在本案例中,教师在引导学生分析一对相对性状的杂交实验过程中(尤其是分析$F_1$紫花中控制花色的遗传因子数量、种类及其产生配子中相关遗传因子的数量、种类情况),生生互动提出假设,构成假说。在学习分离定律后,学生已经知晓等位基因的分离导致性状分离,前者是本质,后者是现象。据此思路,学生可以互助完成两对相对性状实验现象的假说。假说是在分析的基础上提出的,并不是毫无根据的猜想。学习分离定律时,学生是第一次接触遗传部分的内容,如果此时让学生独立提出假设,难度太大,因此教师有必要加以引导。学习自由组合定律时,教师可根据学情来设置不同难度的问题帮助学生完成学习。

②实验方案设计。经典实验大多比较复杂,学生很难进行完整的设计。但关于验证假设的测交实验,学生还是有能力完成的。学习自由组合定律时的测交实验方案设计可以认为是对该维度素养水平的即时评价。验证假说的实验方案并不是唯一的(如杂合非糯性水稻花粉鉴定实验),教学过程中也可以增加此实验方案设计来提高学生的科学探究素养,且让学生意识到实验设计的策略是多元的,而非线性的,有利于其发散性思维的培养。

③实验方案实施。由于种种原因,豌豆杂交实验在高中阶段开展的可能性不大。但若季节合适,又有途径可以找到杂合非糯性水稻,那么水稻花粉鉴定实验还是具有实施的可能性的。

④结果分析交流。分析实验结果时选择正确的角度和方法很重要,否则会弱化分析的逻辑性,很难以理服人。不同类型的实验,其结果的分析策略也是不同的。孟德尔杂交实验并没有明确的自变量,往往需要根据假设推测实验结果,比对预测结果和实际结果的一致性,进而确定、否定或修正假说。本案例中教师要求学生用遗传图解的形式描述测交实验过程及预测的实验结果,这也是一种实验结果交流的形式。科学研究过程中,

往往需要用论文、学术报告等形式与同行进行交流,在交流过程中互相启迪,有助于更好地评判实验设计和结果分析的合理性,发现新的问题等。

综上所述,本案例在科学探究的问题与假设、实验方案设计、结果分析交流等科学探究素养维度都设置了相关活动,使学生科学探究素养得到了有效提升。若课时较紧,我们则建议侧重从提出假设和实验方案设计维度展开活动。

## (二)基于实验活动的单元整体教学——以"酶活性受到环境因素(如温度和pH等)的影响"为例

生物学是一门实验学科,高中生物学教科书中包含了丰富的显性和隐性的实验活动。以生物学中的某一重要概念为教学单元,创设生活化的真实情境,选择一系列代表性的实验,通过有序开展实验探究活动可为概念的建构提供有力的事实与证据支持,在建构概念的同时,可以有效提升学生的科学探究素养,具有较强的可行性。下文以"酶活性受到环境因素的影响"为例,展示如何基于实验活动有效开展单元整体教学,并在教学过程中实现科学探究素养水平的进阶。

### 1. 教科书分析及设计思路

"酶活性受到环境因素的影响"选自《普通高中教科书·生物学 必修1 分子与细胞》,本节内容知识点少且易于理解,但教学中涉及的科学实验过程和方法对整个生物学实验教学有着非常重要的作用,是进行探究性学习的好素材。本节课是学生在学习了"酶的本质和作用"的基础上,进一步探究影响酶活性的因素,能为今后理解细胞呼吸、光合作用的影响因素以及设计复杂的实验奠定基础。

本节课的概念体系框架如图3-13所示。从概念层级分析,这节课最重要的概念是"酶活性受到环境因素(如温度和pH等)的影响",由学生已知的事实1、通过实验探究获取的事实2和3、科学资料阐述的事实4共同来支撑学习。通过关注本节课的上位概念,教师可逐步厘清学习次位概念在学生建构重要概念、大概念及生命观念中的作用:学习不同酶的最适温度和最适pH不同,能为学生解释"酶促反应发生在细胞的特定区域"提供依据;认识酶是一种生命物质以及酶结构破坏后影响功能发挥,为学生理解"细胞的生存需要物质"和形成结构与功能观打下基础。

聚焦 重要概念的生物学单元教学实践研究 科学探究视角

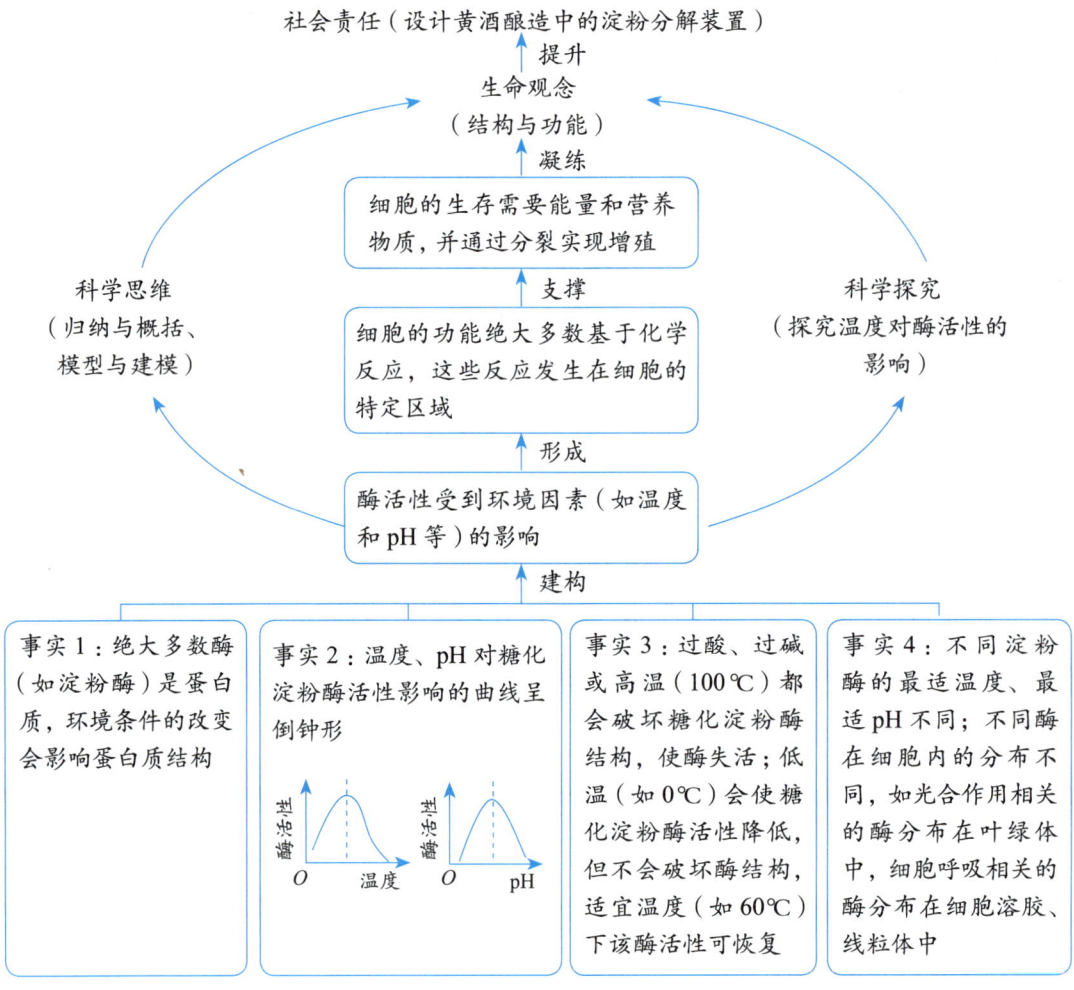

图3-13 "酶活性受到环境因素（如温度和pH等）的影响"的概念体系框架

本节课的明线是以黄酒的自动化酿造生产为切入点，探究温度对糖化淀粉酶活性的影响，通过分析传统酿造加酶方式的弊端来设计新型淀粉分解装置；暗线是学生以实验探究活动为载体，运用合理的科学思维方法建构概念，并通过装置设计活动领悟和应用概念，提升学生的生物学学科核心素养。这两条线交织并进，最终达成对概念"酶活性受到环境因素（如温度和pH等）的影响"的深刻理解。

### 2. 学情分析

通过先前的学习，学生已经知道了绝大多数酶是蛋白质，了解了科学探究的一般过程和控制变量的相关原则，能对实验结果做出预期和分析，但他们对科学探究缺乏实践经验。基于学生自主建构概念的需要，教师可以设计探究性实验，引导学生通过观察实验现象、分析实验结果来感知温度对酶活性的影响，并借助分析酶化学本质和科学资料来获取更多的生物学事实，为建构概念奠定坚实基础。

学生或多或少在日常生活中接触过黄酒的相关信息，教师以绍兴黄酒为情境导入，能激发学生主动参与教学活动的积极性。此外，学生关于"低温对淀粉酶活性的影响"意见不统一，近2/3的学生对"能否将酶和底物先混合后保温"这一问题思考得不够深入。教师可以给予合理的引导以消除学生的迷思概念。

### 3. 教学目标

（1）通过实验情境开展合作学习，运用控制变量法探究温度对酶活性的影响规律，体验科学探究过程。

（2）基于酶的化学本质、实验情境、科学数据，采用归纳与概括的方法，自主建构概念"酶活性受到环境因素（如温度和pH等）的影响"。

（3）运用结构与功能观推测影响酶活性的因素，说明细胞代谢活动的有序进行与酶在细胞内的分布位置密切相关。

（4）通过分析绍兴黄酒传统酿造工艺中存在的问题，以小组合作的形式综合运用生物学、化学、工程学等知识设计新型的淀粉分解装置。

### 4. 评价目标

（1）在"探究温度对糖化淀粉酶活性的影响"实验中，能与他人合作完成探究，选用恰当的方法如实记录和分析实验结果。需要具备科学探究的二级水平。

（2）能以实验结果和科学数据为事实证据，运用归纳与概括的方法形成概念"酶活性受到环境因素（如温度和pH等）的影响"，并能正确绘制温度和pH对酶活性影响的曲线图。需具备科学思维的二级水平。

（3）在学完酶活性的影响因素后，能初步运用结构与功能观解释温度和pH对酶活性影响的根本原因，理解不同酶在细胞内的不同分布，有利于保证各类代谢活动分区室同时进行。需要具备生命观念的二级水平。

（4）在设计新型淀粉分解装置后，能用生物学、化学等跨学科知识初步解决社会生产中的问题。需要具备社会责任的四级水平。

## 5. 教学过程

本节课的教学流程如图 3-14 所示。

| 流程线 | 核心问题线 | 素养线 |
|---|---|---|
| 创设情境 提出问题 | 如何提高淀粉酶活性来加快反应发生？ | 联系实际，关注生物学知识在现实生活中的应用 |
| 课堂讨论 确定主题 | 淀粉酶的活性受到哪些因素影响？你最想选择哪个影响因素进行研究？ | 通过对淀粉酶化学本质的分析，运用结构与功能观分析影响淀粉酶活性的因素 |
| 预备实验 改进方案 | 如何设置实验"探究温度对淀粉酶活性的影响"的自变量？如何测量因变量？如何控制无关变量（淀粉酶种类及浓度、淀粉溶液浓度、反应时间及pH等）？如何改进实验设计？ | 通过预备实验学习控制变量、观察和检测因变量；通过设计并实施实验方案，师生之间交流讨论后改进实验方案，提高科学探究能力 |
| 课堂实验 建构概念 | 温度影响糖化淀粉酶活性有什么规律？糖化淀粉酶的最适温度是多少？温度过高和过低对糖化淀粉酶活性产生了怎样的影响？不同酶的最适温度和最适pH一样吗？ | 通过课堂实验和合作探究，能规范使用实验器具，预测实验结果，运用共享编辑表格、曲线自动生成等工具记录实验结果，得出实验结论。基于自主实验呈现的科学事实，采用归纳与概括等方法建构概念"酶活性受到环境因素（如温度和pH等）的影响" |
| 联系实际 应用概念 | 传统黄酒酿造方式存在什么问题？如何设计新型淀粉分解装置？如何让不同酶在细胞内都能发挥最优？ | 通过分析绍兴黄酒传统酿造工艺中存在的问题，综合运用生物学、化学、工程学等知识设计新型的淀粉分解装置；通过学习细胞内酶的分布位置和代谢活动之间的关系，初步形成结构与功能相统一的生命观念 |

图 3-14 "酶活性受到环境因素（如温度和pH等）的影响"教学流程图

（1）创设情境，提出问题。

教师展示黄酒自动化酿造生产线（图 3-15），介绍淀粉分解是绍兴黄酒酿造中的重要环节，淀粉酶在其中发挥了重要作用。提出核心问题：如何提高淀粉酶活性来加快反应发生？

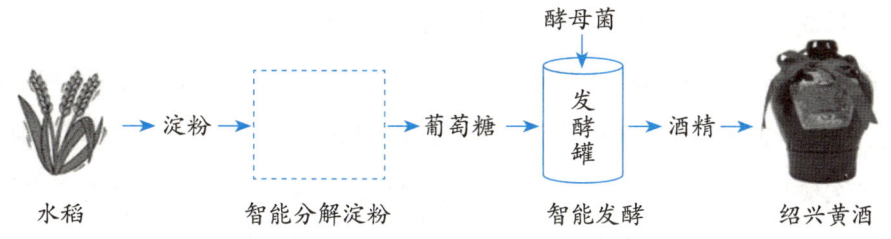

图 3-15　黄酒自动化酿造生产线

**设计意图**　利用学生熟悉的情境串联本单元的所有内容，既能快速切入学习主题，又能激发学生的学习兴趣。

（2）课堂讨论，确定主题。

教师上传黄酒自动化酿造生产的相关资料，组织学生自由讨论影响淀粉酶活性的因素。经网络投票，评选出学生最想研究的因素。

**设计意图**　借助线上聊天工具，既能有效整合学生碎片化的学习时间，又能让每位学生有机会表达和交流自己的想法，使师生、生生互动更加畅通。

（3）预备实验，改进方案。

根据投票结果，在课堂上探究温度对淀粉酶活性的影响。为了帮助学生理解控制变量法，课前先进行预备实验。全班分成 8 个小组，每组 4 人，每组根据组内成员特质选出组长 1 名、操作者 2 名、评价者 1 名。各组成员先讨论实验中涉及的变量，然后根据教师提供的实验材料和用具分组进行实验设计，交流讨论后改进各自的实验方案。各小组主要讨论问题：①如何控制反应体系的温度？②如何测量淀粉酶活性？③如何控制无关变量（表3-9）？④实验效果如何？怎样能在较短时间内得到比较明显的结果？

表 3-9　实验"探究温度对淀粉酶活性的影响"中的无关变量

| 无关变量 | 项　目 |
| --- | --- |
| 淀粉酶种类 | α-淀粉酶、糖化淀粉酶 |
| 淀粉酶溶液浓度 | 0.25%、0.5% |
| 淀粉溶液浓度 | 1%、3% |
| 反应时间 | 3 min、5 min、8 min |
| 反应 pH | 4、7、9 |

对于问题②④，学生之间展开了激烈的讨论：小组 1 提出以淀粉遇碘后的颜色变化

为指标，观察反应液的变色情况来推测淀粉酶活性；小组 2 同意小组 1 的方案并进行了实验，结果发现碘液变色现象不明显，查阅资料后认为高温影响淀粉遇碘后蓝色复合物的产生，不建议使用碘液检测淀粉剩余量；小组 3 根据还原糖的检测方法，认为可用本尼迪特试剂检测葡萄糖的生成量；小组 4 表示糖化淀粉酶可快速分解淀粉产生葡萄糖，支持小组 3 并建议使用糖化淀粉酶；小组 5 根据先前实验总结的经验，认为本尼迪特试剂检测还原糖时的颜色变化不够明显，不易区分；参加生物学竞赛的学生提出可用分光光度计检测颜色变化，但后续发现设备不足，大规模的实验难以开展……经过种种辩论后，学生最终把目光锁定在尿糖试纸上，其优点有三个：一是检测手段简便，稍加培训所有人都会使用；二是现象明显，根据颜色变化可估计葡萄糖浓度；三是价格低。

**设计意图** 通过引导学生思考影响实验效果的相关问题，鼓励学生设计、修改、完善方案。这种富有挑战性的学习方式可以极大地激发学生的求知欲，提升学生的逻辑思维能力和实验设计的能力。

（4）课堂实验，建构概念。

通过预备实验，学生提出 3% 淀粉溶液、0.5% 糖化淀粉酶溶液在 pH 4 的条件下反应 5 min 时效果最明显。课堂上以此为实验条件，继续开展分组实验——探究温度对糖化淀粉酶活性的影响。

教师出示学生课前在学案中提出的假设（图 3-16）和实验设计思路（图 3-17），引导学生关注两种假设的异同，并评价该实验设计思路。考虑学生对"能否将酶和底物先混合后保温"这一问题存在迷思概念，教师可以以探究 60℃ 下的淀粉酶活性为例，设计问题：①常温下酶和底物混合后反应是否发生？②当装有酶和底物混合液的试管放入水浴锅中，试管内液体升温时，反应是否发生？③如何保证酶和底物从一开始就在设定的某一温度下进行反应？④认为该方案可行的同学有没有要反驳的？教师逐步引导学生关注实验操作细节，以逻辑为基础厘清实验操作的正确顺序。

> （3）实验假设：低温（如 0℃）使淀粉酶活性 <u>受抑制</u>，高温（如 100℃）使淀粉酶活性 <u>失去</u>，淀粉酶的最适温度是 <u>37</u> ℃。（确定性指数 <u>4</u>）
> （3）实验假设：低温（如 0℃）使淀粉酶活性 <u>丧失</u>，高温（如 100℃）使淀粉酶活性 <u>丧失</u>，淀粉酶的最适温度是 <u>37</u> ℃。（确定性指数 <u>5</u>）

图 3-16 学生提出的实验假设

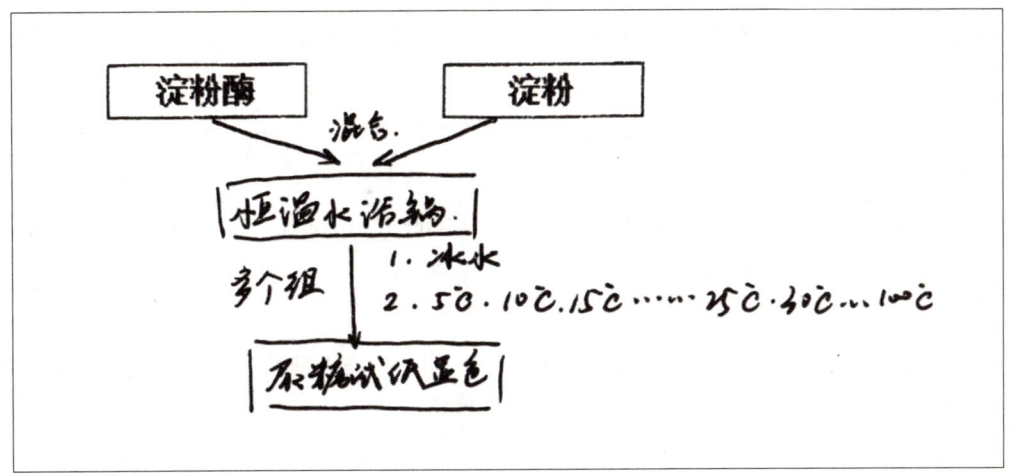

图 3-17　学生提出的实验设计思路

**设计意图**　借助学案中的诊断性测试暴露学生的迷思概念，通过分析学生迷思概念产生的原因，设计问题来引发认知冲突，引导学生深入思考，从而最终完成概念转变，形成科学概念。

教师安排六组学生进行实验，利用尿糖试纸分别测定 0℃、20℃、40℃、60℃、80℃、100℃下葡萄糖的产生量。在实验过程中，组长负责统筹安排实验，操作者负责主要操作，评价者利用平板记录实验过程并分享给同伴，借助评价量表对每位成员在实验中的表现进行评价。实验结束后，教师将不同温度组试纸显色情况汇总后拍照上传到网上，由各组组长共享编辑表格，借助统计软件的实时自动生成功能，获得葡萄糖浓度与温度相关性的曲线图。学生分析曲线，获得对温度影响酶活性的初步认知。

以"温度过高和过低对酶活性的影响一致吗？如果将 0℃、100℃处理过的淀粉酶放回最适温度，酶活性会发生什么变化"作为切入点，教师营造让学生思考、预测、辩驳的课堂氛围。在学生思维碰撞达到高潮时，请特别行动组（第 7、8 组）为大家揭晓答案。特别行动组的实验任务如图 3-18 所示。教师利用特别行动组的实验结果，进一步完善学生认知，帮助学生真正理解温度对酶活性影响的深刻内涵。以此为基础，学生顺利学习 pH 对淀粉酶活性的影响，最终建构概念"酶活性受到环境因素（如温度和 pH 等）的影响"。

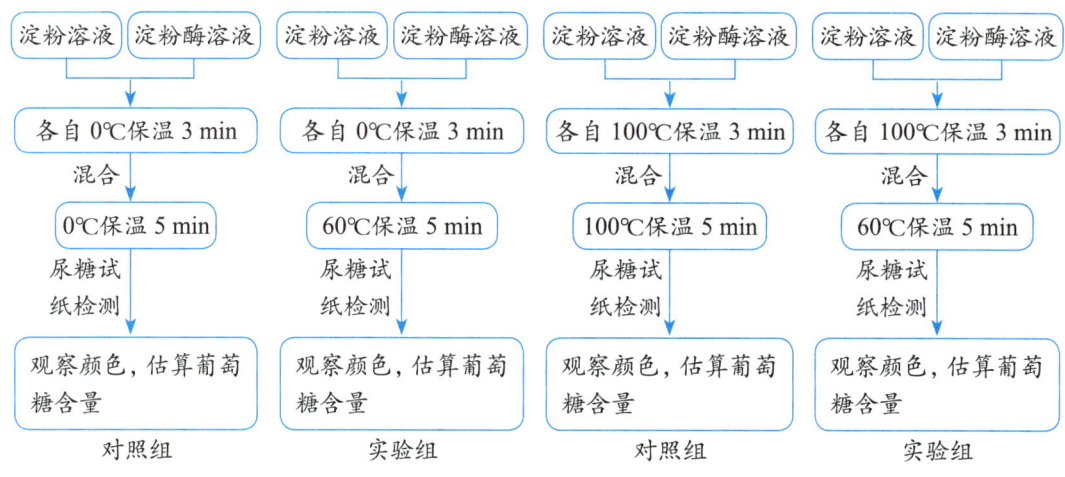

A. 特别行动组 1 任务　　　　　　　　B. 特别行动组 2 任务

图 3-18　特别行动组的实验任务

**设计意图**　以实验证据、科学逻辑为基础建构概念，达成提升学生科学探究能力和科学思维品质的目的。能力和品质的养成又进一步推动概念建构活动的完善，两者构成一个良性的闭合环，最终实现概念的自主建构和深度理解，提升了学生的生物学学科核心素养。

（5）联系实际，应用概念。

教师展示黄酒自动化酿造生产线和不同淀粉酶的相关信息（表 3-10），请学生思考传统酿造时将两种淀粉酶同时加入反应罐的弊端，并以小组为单位提出设计思路，画出装置图来改进传统酿造装置。教师选择有代表性的设计方案，请组长上台介绍设计思路，师生共同评价和改进方案。之后，教师展示工业生产中的淀粉分解装置。复杂精巧的装置设计引起学生阵阵惊叹，教师趁机引导：细胞内也发生着多种类似淀粉分解的酶促反应，这些反应的有序进行与细胞中酶的分布位置密切相关。最后，教师让学生观看绍兴传统酿酒工艺，比较机器造酒与传统酿酒方式的优缺点，并以问题"关于推广绍兴黄酒，你有什么好建议"引发学生延伸思考，帮助学生树立社会责任感。

表 3-10　不同淀粉酶的相关信息

| 酶的种类 | 最适温度 | 最适 pH | 其他 |
| --- | --- | --- | --- |
| α-淀粉酶 | 75℃ | 6.0 | 密封、低温保存。易受重金属离子的抑制，使用时避免 pH 过大 |
| 糖化淀粉酶 | 60℃ | 3.8 | |

**设计意图**　围绕次位概念，在设计学习活动时教师需关注从重要概念到次位概念之间内涵的传递。为了凸显两种概念中蕴含的"代谢活动分区室"的思想，设计了绘制淀粉分解装置的学生活动，既实现了对概念的迁移应用，提高了概念的可理解性、合理性，又围绕 STEM 理念引导学生运用跨学科知识解决实际问题。在这个过程中学生的知识得到内化和应用，能力得到锻炼和提升，素养得以形成和发展。

（本案例由绍兴市第一中学赵正瑜老师提供）

【案例分析】

本案例中，教师以"黄酒的自动化酿造生产"为教学情境，引导学生探索影响糖化淀粉酶活性的因素，然后以大量的科学事实为依据，帮助学生顺利建构概念"酶的活性受到环境因素（如温度和 pH 等）的影响"。科学事实的获取，往往需要观察和实验等科学探究活动的开展来提供证据。在课堂教学中，教师针对科学探究素养的"问题与假设""实验方案设计""实验方案实施""结果分析交流"四个维度分别合理设计学生活动，既能够为概念的建构提供事实支撑，对于学生科学探究素养的全面提升也大有裨益。

（1）采用"混合"教学模式，有效提升课堂教学效率。

本案例的教学容量大，学生既要根据"黄酒的自动化酿造生产"提出相关的生物学问题、讨论确定探究主题、设计并实施实验、结果分析交流、得出相应结论，还要结合实验所得出的科学事实来建构概念并将概念进行迁移应用。要顺利完成上述所有环节，单纯依靠一节课的课堂教学时间显然是非常困难的。尤其是实验的设计与实施环节，学生之前没有类似定量实验的基础，在设计与实施过程中势必遇到很多难题，如果无法得到充分的指导，实验探究活动的成效必然大打折扣。为了解决上述难题，本案例中教师采用了课外与课内相结合、线上与线下相结合的"混合"教学模式，有效提升了课堂教学效率。为了降低探究难度，教师广泛查阅文献，带领学生在课外开展大量预备实验，最终敲定相关的实验条件，这为课堂探究大大节约了时间；为了解决受空间限制课外交流不便的难题，教师采用了线上讨论交流的方式，有效整合了学生的碎片化学习时间，也能让每位学生都有充分表达和交流想法的机会，使师生、生生互动更畅通；为了解决课堂实验中教师无法对每个学生进行操作指导的难题，教师安排了先在预备实验中培训评价者进行规范操作，课上由评价者指导操作者正确操作实验过程。

（2）充分组织科学事实，牢固搭建概念建构阶梯。

要让学生形成正确的生物学概念，教师必然需要给他们提供大量的生物学事实作为支撑。本案例中学生要建构的概念是"酶的活性受到环境因素（如温度和pH等）的影响"，教师围绕这一概念组织了4个科学事实。其中事实1的获得是建立在学生深入理解之前所学概念"蛋白质通常由20种氨基酸分子组成，它的功能取决于氨基酸序列及其形成的空间结构，细胞的功能主要由蛋白质完成"和"绝大多数酶是一类能催化生化反应的蛋白质，少数酶是RNA"的基础上，体现了已有概念对新概念形成的重要作用。事实2和事实3需要通过实验探究来获得，实验为学生形成和理解概念提供了丰富的事实性知识和情境。以实验为载体进行概念教学，能让学生直观感知概念、透彻理解概念和灵活运用概念。以本节课教学为契机，我们可以总结出在探究实验中建构概念的教学模式。教师以核心概念为指引，创设实验情境，先让学生根据已有概念提出问题、确定主题、设计方案进行预实验，之后根据实验结果改进方案启动新一轮实验。在此循环过程中，学生体验了猜想、观察、推理、论证等逻辑过程，在感知事实性知识的基础上建构概念、应用概念，最终实现对概念的深度理解。事实4是学生在分析教师提供的科学资料的基础上获得的，既为建构概念"酶的活性受到环境因素（如温度和pH等）的影响"进一步提供了事实支撑，也深化了学生对概念"细胞的功能绝大多数基于化学反应，这些反应发生在细胞的特定区域"的理解。上述4个科学事实从学生已有的认知基础出发逐次呈现，具有良好的梯度性，为本节课的概念建构搭建了牢固的阶梯。

（3）合理设计学生活动，全面发展科学探究素养。

科学探究素养的发展离不开科学探究活动的有效开展。本案例开展的实验探究活动属于对教科书实验的拓展，也可能是学生亲历的第一个定量分析的生物学实验，是学生实验探究能力从定性到定量的一次进阶。本实验探究活动的合理开展，能够全面发展学生的科学探究素养，也有利于学生对实验"探究pH对过氧化氢酶的影响"的理解，更能够为后续其他复杂定量分析实验的设计和分析打下基础。

下面从科学探究的四个维度来详细分析本案例的学生活动设计。

①问题与假设。教师以绍兴黄酒为例创设真实的生活化情境，进而提出核心问题"如何提高淀粉酶活性来加快反应发生"。然后，利用网上平台组织学生讨论影响淀粉酶活性的因素，分别提出自己的假设。在这个环节中，创设熟悉的实验情境可以有效激发

学生的学习和探究兴趣，有利于学生提出值得探究的生物学问题。教师组织线上讨论，能够为假设的提出及其合理性分析提供更多的交流空间。由于教学时间有限，各种假设无法逐一开展验证，因此，组织学生线上投票选出最希望探究的课题的安排也是非常合理的。

②实验方案设计。本实验在设计过程中需要考虑的因素有很多，例如：如何控制自变量？如何检测因变量？如何设计实验装置？无关变量有哪些，如何控制？尤其是在无关变量的控制上，淀粉酶的类型、酶的浓度、底物浓度、反应时间以及反应体系的pH等都关系到实验的效果，需要慎重考虑。上述问题都放在课堂上由学生通过讨论或实验操作试错来解决，显然时间是远远不够的。本案例中教师在课前组织了充分的学生讨论和大量的预备实验，从而确定了实验的最优条件"3%淀粉溶液、0.5%糖化淀粉酶溶液在pH 4的条件下反应5 min时效果最明显"，这样很好地解决了课堂教学时间不足的问题，采用这种富有挑战性的学习方式也大大激发了学生的求知欲，提升了学生的科学思维能力和实验设计的能力。在课堂教学中，教师呈现不同组别学生的实验假设和实验方案，引导学生关注两种假设的异同，组织学生进行评价。然后，针对学生的迷思概念"能否将酶和底物先混合后保温"，教师设计了问题串，逐步引导学生关注实验操作细节，以逻辑为基础厘清实验操作的正确顺序，最终形成较为完善的实验方案。整个实验方案的设计过程充分发挥了学生的主动性，学生通过亲历实验设计的过程而潜移默化地提升了实验设计能力。

③实验方案实施。本案例中教师将学生进行分组实验，分别探究不同温度下的酶促反应速率，这样的设计可以节约实验操作时间，为后面的教学环节提供空间。操作过程中学生利用平板电脑进行视频记录，并利用实验量规评价表对实验操作的规范进行评价，整个过程教师让学生自主发现实验操作中的问题，思考实验操作步骤背后的原理，让学生在感悟规范实验操作的重要性的同时能领悟评判的方法，有利于发展学生的批判性思维。

④结果分析交流。本案例中教师引导学生通过共享编辑表格，借助统计软件自动生成葡萄糖浓度与温度相关性的曲线图，充分体现了利用数字化工具记录和分析实验数据的便捷性和直观性，是对学生实验结果记录与分析能力的锻炼与提升。

综上所述，本案例在科学探究的问题与假设、实验方案设计、结果分析交流等科学探究素养维度都合理设置了学生活动，使学生科学探究素养得到了有效提升。

# 第 4 章
# 反思与展望

教育的最终目标是立德树人，学科核心素养是学科育人目标的具体体现，我们从科学探究视角对核心素养在课堂中的进阶教学进行了探索。本章从单元整体教学、科学探究素养评价、科学探究素养落实的策略、教师科学探究素养提升四个方面进行了反思，并针对如何进一步开展基于科学探究素养的进阶教学提出了设想与展望，包括科学探究素养进阶结构搭建、科学探究素养进阶教学策略创新、科学探究素养评价模型研究等。

## 一、反　思

### （一）单元整体教学任重而道远

单元整体教学是以系统论为指导，突出知识建构过程，对教学单元进行整体设计的教学策略。单元整体教学设计包括教学单元内容主题的确定、单元教学目标的定位与拆分、单元教学任务的确立与解构、教学情境的选择与创设、教学活动的设计与实施、教学评估的预设与反馈等环节，各个环节都需要教师考虑整体与局部、局部与局部之间的关系。一门课程由若干个教学单元组成，一个教学单元由若干个课时组成，课程与单元、单元与课时之间是整体与局部的关系，课时与课时之间是并列、递进或强化的关系。单元整体教学设计要站在整体高度进行规划，并分解到课时设计；课时设计又要呼应单元整体。

我们将"科学探究素养提升"作为一个教学单元开展了探索式的研究，而教学单元是以"重要概念"为核心的。课程目标如何科学、合理地细化为可操作性的单元教学目标？以科学探究素养为主线的单元教学目标又如何准确、合理地分解到以"重要概念"为核心的教学单元中？如何系统地考虑各单元之间概念进阶和关键能力进阶的关系？这些问题必须通过长期的实践研究才能找到答案，本课题的实践案例也存在着一些值得探讨的问题。

## （二）科学探究素养评价值得关注

评价是教师了解教学过程、调控教学行为、提高教学质量的重要手段。课程标准对评价的原则、内容、方式、结果反馈都做了详细的说明，指出"评价应以课程标准、课程内容和学业质量标准为依据，结合具体的教学内容，以生物学大概念、重要概念等主干知识为依托，检测学生的生物学学科核心素养的发展水平"[①]。以课程标准的学业质量评价标准为依据开展学生科学探究素养的评价研究是在单元整体教学中落实"科学探究素养"目标的基础和前提。

由于科学探究能力是科学探究素养的外在表现，所以一般借助科学探究能力的评价方式来评价科学探究素养，这与课程标准中的评价内容也是一致的，即学生是否具备了观察能力、发现问题能力、设计和实施探究方案以及探究结果的分析与交流等能力。当前国际教育界普遍认可的科学探究能力评价方式有四种：现场观察、工作单、计算机模拟、纸笔测验[②]。

现场观察是通过直接观察实验者的操作进行评价，能直接获取信息且效度高，但面对数量庞大的学生群体，操作难度最大。教师可以在实验课堂教学中偶尔尝试。

工作单是由教师事先根据不同的探究任务编制的一种"实验学案"。学生在学习过程中将探究过程和结果记录在相应的工作单上，由教师根据相应的量规进行评价。这是当前国际上采用最普遍的一种方式，具有延时性。许多研究表明，工作单能可靠、有效地评价学生的科学探究能力。

计算机模拟评价是通过计算机技术构建一个模拟情景，学生通过计算机操作模拟探究，由计算机进行即时自动评价。这种评价方式较为新颖，且能保留学生的探究全过程，便于教师或学生进行回顾，有利于后期的反馈与改进。但这种方式对软硬件要求高，学生在模拟情景中学会的技能不一定能迁移到真实情境[③]。

---

① 中华人民共和国教育部.普通高中生物学课程标准（2017年版2022年修订）[M].北京：人民教育出版社，2022.
② 刘瑞华.高中物理探究性实验学生评价的实践研究[D].长春：东北师范大学，2011.
③ 周洪凯.基于科学探究素养的高中生物实验教学实践研究[D].济南：山东师范大学，2019.

纸笔测验是目前普遍的一种评价方式。如何利用纸笔测验更为合理、准确地对学习者的科学探究素养进行评价，我们做了一些抛砖引玉的研究。我们还将根据国家"双减"政策的要求，在工作单评价、计算机模拟评价等方面持续性地进行实践探索。

### （三）实验与科学史教学策略需进一步提炼

实验教学和科学史教学是提升学生科学探究素养的两大途径。课程标准中明确提出"加强和完善生物学实验教学"和"注重生物科学史和科学本质的学习"两大教学建议。但从我们前期的问卷调查中发现，这两类教学并未很好地为落实科学探究素养服务。实际教学中普遍存在教学目标不明确、教学方式缺乏创新、实验教学开课率不高、科学史教学侧重知识点讲解等问题。我们对实验教学和科学史教学的策略做了初步探索，但在教学实践中如何有效实施还需要不断地实践探索。

### （四）教师科学探究素养提升亟待重视

前期的问卷调查和访谈显示，教师对科学探究及其教学的认知不到位。教师普遍通过自行阅读书籍、资料或者同行互助交流的方式进行学习，对科学本质、科学探究、探究教学的知识缺乏系统的认识和理解。因此，对在职教师进行科学探究相关学科内容和教学知识的培训非常有必要。

从课题组的研究实践来看，中学教师需要的是参与式的"做探究"的实践活动。以科学本质、科学知识为情境，学习科学探究的内容知识和教学知识，在"做探究"中体验和反思"教探究"，提升科学探究的认知水平，在教学实践中不断反思提升学生科学探究素养的教学策略，进而提升自身科学探究素养水平，提高"教探究"的能力，这是高中生物学学科教师迫切需要的。

## 二、展　望

### （一）科学探究素养进阶结构搭建

科学探究素养包含问题与假设、实验设计与实施、结果论证、分析交流四个要素，遵循要素之间的逻辑关系，对科学探究素养进阶结构作如下设想。

（1）"问题与假设"是科学探究的起点与终点，其他要素围绕着"问题与假设"为核心形成一个开放系统（图4-1）。

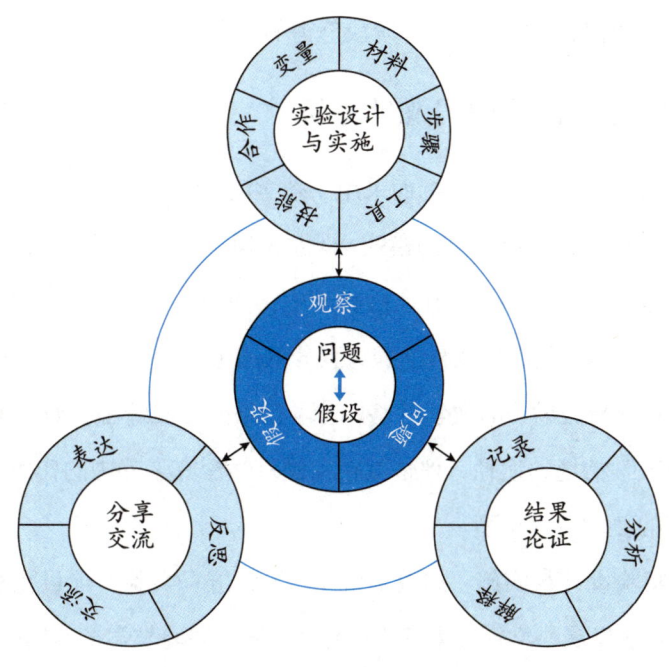

图4-1 科学探究素养要素结构图

（2）四要素各自细分为若干个二级维度，依据课程标准的学业水平要求可以设置四个层级水平。

（3）不同维度、不同层级有不同的进阶发展。图4-2为"问题与假设"要素二级维度——观察的进阶发展示意图。

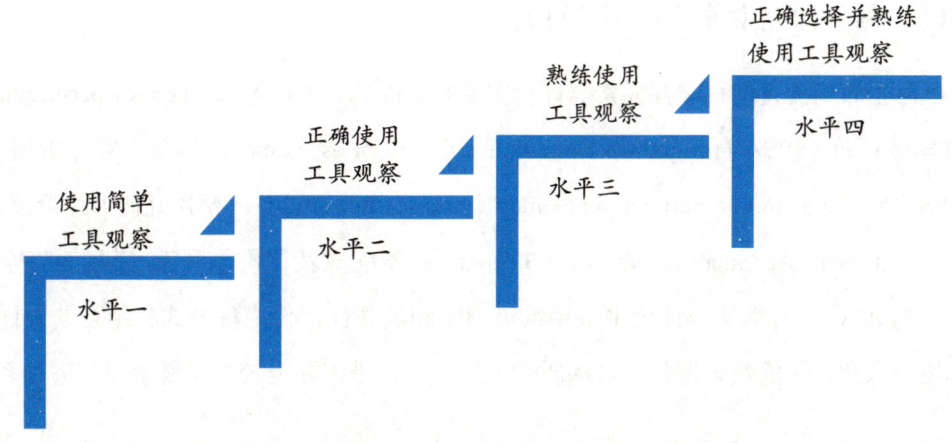

图4-2 "问题与假设"二级维度——观察的进阶发展示意图

以科学探究素养四要素为核心，开展科学探究素养的二级维度和进阶水平研究，构建科学探究素养进阶结构模型，形成更容易被教师掌握和应用的可操作性解释，作为教师进行教学活动的依据，这是我们下一阶段努力的方向。

### (二)科学探究素养进阶教学策略创新

教学策略是对完成特定教学目标而采用的教学活动的程序、方法、形式等，具有灵活性、多样性等特点，并没有固定的模式。课题组通过案例分析，总结了若干用于科学史教学和实验教学的有效策略，但在实际教学中，如何针对不同的教学目标开展有效教学还值得不断深入思考，我们拟从科学探究素养的四个要素作进一步深入研究。

（1）基于"问题与假设"的教学策略。问题起源于真实情境，收集并整理不同情境素材，探索创设教学情境的途径，评估其在发展科学探究素养中的作用，总结归纳能提升科学探究素养的教学情境类型。

（2）基于"实验设计与实施"的教学策略。尝试仿真实验、项目化实验等多元实验教学形式，评估其在发展科学探究素养中的作用，拓展实验教学的新路径。

（3）基于"结果论证"的教学策略。文献搜索不同的论证教学模型并在课堂教学中实践，评估不同模型在发展科学探究素养中的作用，构建能提升科学探究素养的论证教学模型。

（4）基于"分析交流"的教学策略。在课堂教学中开展小组合作学习，通过对比教学，评估其在发展科学探究素养中的作用，提炼小组合作学习的要素。

### (三)科学探究素养评价模型研究

国际上较为流行的科学探究素养评价主要有英国的 APU（assessment of performance unit）学业评价、PISA（program for international student assessment）科学素养评价项目、TIMSS（the trends in international mathematics and science study）科学探究能力评价模式、NAEP（national assessment of educational progress）学业成就评价体系等。英国教育学业评价机构 APU 在科学学业评价中采用纸笔测验和表现性评价两种方式相结合，设计了一套用于课堂教学的量化评价工具和质性评价工具，是国际上较早对科学探究进行系统评价的机构[①]。国内学者对核心素养框架及其评价进行了大量研究，形成了不少理论体系，但仍缺乏对一线教师教学具有指导意义的科学探究素养评价模型。在构建科学探究素养进阶结构的基础上，进一步对科学素养的评价开展研究，形成一套基于科学探究素养的评价量表，可用于日常教学评价，为教师进阶性地培养学生科学探究素养提供依据，促进学生科学探究素养螺旋式发展，这是极有实践意义的，也是我们今后研究的方向。

---

① 林育宝.基于核心素养的高中化学科学探究素养评价[D].福州：福建师范大学，2019.